はじめての芸術療法

橋本和幸 著

ムイスリ出版

はじめに

　ムイスリ出版から出版してもらう本は、これで4冊目です。今回のテーマは、「芸術療法」です。

　私の出身大学や職歴（病院などの医療領域ではなく、スクールカウンセラーなどの教育領域）からは、芸術療法との関連が結びつきにくいかもしれませんが、芸術療法と私のつながりは、次の3段階に分けることができます。

　まず第1段階として、大学在学中の経験があります。当時保健管理センターに助教授でいらした堀之内高久先生が、学生相談の一環として毎年2泊3日で宿泊ワークショップを実施されていました。このワークショップでは、学生向けに自己成長のための取り組みが行われました。そこでのワークの中に、絵を描いたり身体で表現したりという芸術表現を用いたものがあったことから、芸術療法という手法があることを知りました。

　第2段階として、スクールカウンセラーとして小学生と中学生の援助を行った際に、上記の堀之内先生のワークなど、それまでに学んだものを参考にしながら、自分なりの工夫として芸術表現を用いることがありました。

　第3段階として、専任教員として着任した了德寺大学に芸術学部があり、そこで授業を担当しました。その後、「医療と芸術の融合」という了德寺大学の理念を具現するために、芸術療法について研究することになりました。この時に、大学院の同窓生である、上野道子さん、田中理恵さん、倉橋朋子さんに協力していただき、数編の論文を執筆しました。

　現在は、了德寺大学看護学科で、芸術的な感性を持った看護師の養成を目指して「芸術療法概論」という授業を担当しています。

　本書は、以上のような体験をもとにまとめたものです。ワークショップなどの貴重な体験の機会をくださった堀之内先生、仕事に協力してくださった勤務校および教育委員会の担当課の皆様、上野さん、田中さん、倉橋さんに感謝いたします。さらに、いつも出版を支援してくださる営業課長の橋本有朋さんをはじめとする、ムイスリ出版の皆様に感謝いたします。

2017年8月　著　者

目 次

はじめに

第1章　芸術療法概論 ･････････････････････････ 1

1.1　芸術療法とは　1

1.2　芸術療法の特徴　3

1.3　芸術療法の種類　5

1.4　芸術療法の実施方法　5

1.5　芸術療法を行う際の注意点　6

1.6　遊戯療法との関連　8

1.7　芸道との関連　9

第2章　芸術療法の歴史 ･･･････････････････････ 11

2.1　芸術療法の始まり　11

2.2　芸術療法の発展　13

2.3　わが国における芸術療法　14

第3章　芸術療法で扱うもの ･･････････････････ 15

3.1　イメージを広げる　15

3.2　ナラティブ（物語）をつむぐ　17

第4章　芸術療法の背景にある臨床心理学の諸理論 ･････ 19

4.1　分析心理学　19

4.2　精神分析　24

4.3　ロジャーズの考え方　32

4.4　ゲシュタルト療法　37

4.5　家族療法　42

第5章　芸術療法実技①　―描画法― ･･･････････ 49

5.1　描画法とは　49

5.2　用いる画材　51

5.3　樹木画法　52

5.4　なぐり描き法　55

5.5　風景構成法　58

第6章　芸術療法実技②　―造形―　63

6.1　概要　63

6.2　粘土　63

6.3　ストロータワー　65

6.4　箱庭療法　67

6.5　コラージュ療法　69

6.6　映像　72

第7章　芸術療法実技③　―身体表現―　73

7.1　概要　73

7.2　ダンス　73

7.3　演劇　74

7.4　彫像化技法　75

7.5　音楽　77

第8章　芸術療法実技④　―文芸療法―　79

8.1　文芸療法とは　79

8.2　俳句・連句療法　79

8.3　詩歌療法　87

8.4　物語療法　89

おわりに　91

文　献　93

索　引　97

第1章 芸術療法概論

1.1 芸術療法とは

（1）芸術療法とは

　芸術療法とは、絵画や粘土などの創作・造形活動を用いて行う心理療法やリハビリテーションのことです。クライエントは思考や感情を表現するために、言葉（語り）の代わりに芸術表現を用います。芸術表現には、絵画、造形、音楽、ダンス、演劇、文学などがあります。

　クライエントは、芸術表現を通して自分の心の内を明らかにしていきます。その結果、次の3つのことが起きます。

① クライエント自身が活動中に自分の心の内に気づく（図1.1）
② 援助者がクライエントの心の内に気づく（図1.2）
③ 援助者の働きかけ（質問や感想）によって、クライエントが自分の心の内に気づく（図1.3）

図1.1 クライエントが自ら気づく

図 1.2　援助者が気づく

図 1.3　援助者の質問でクライエントが気づく

　これらは、言葉（語り）によって進める面接で起きることと変わらないものです。心理療法では、自分の問題への気づきを生み、変化する意志が育つように支援していきます。

　気づきがあることで、自分や他人の理解、洞察が進みます。気づきは、クライエント自身の力で生まれる場合と、援助者からの働きかけで生まれる場合があります。芸術療法は、言葉（語り）では気づきが深まらない場合に用

いると効果があると考えられています。この時に、援助者の考えを一方的に押しつけるのではなく、質問によってクライエント自身に気づいてもらうことも重要です。

> 注：本書では　援助をする側は援助者、援助を受ける側はクライエントという名称で統一します。援助者とクライエントは、読者の皆さんの立場や援助をする対象に、適宜置き換えて読み進めてください。

1.2　芸術療法の特徴

（1）作品と制作過程からわかること

　芸術療法独自の特徴として、言葉で表現しづらいことを表現できるという特徴があります。例えば、子ども、高齢者、障害がある人などの表現、あるいはひらめきやイメージなどは、芸術作品やその制作過程を媒介にすると、理解しやすくなります。あるいは、1枚の絵、ひとかけらの粘土などという作品に注意を向け、それにフィードバックをすることでコミュニケーションをとることができます。そして作品には、言語では表現しきれないような心の深層にある心的現実が表現されたり、援助者やクライエント自身がそれに気づいたりできる可能性があります。

表 1.1　非言語的メッセージの種類

種　類	例
身　体	身振りや手振り
顔	表情、視線の方向、うなずき、首の横ふり
空　間	相手との距離や角度
姿　勢	胸を張る、腕を組む
服装、容姿	着ている服、髪形や化粧
身体接触	身体を触る、抱きしめる、握手
音　声	声の大きさ、抑揚、速さ、タイミング

4　第1章　芸術療法概論

　また、作品だけではなく、制作過程にもクライエントのメッセージが表れています。どういう順番で作品を作るか、どの工程がスムーズに進み、どの工程に手間取ったかということや、制作中の様子のような**非言語的メッセージ**（表1.1）にも、クライエントの思考や感情が現れたりします。

（2）芸術療法の利点
　芸術療法による表現には、次の4つの利点が考えられます。

① クライエントにとっての利点として、言語による表現（話す）よりも抵抗感が軽減されます。
② 援助者にとっての利点として、クライエントの語りだけでは見えなかった心の内面が作品に投影されることで、アセスメント（評価、見立て）の材料にできたり、より深いクライエント理解につながったりします。
③ 課題の内容や、素材の特徴によって、退行（子ども返り）を促進します。例えば、絵画療法で用いるクレヨンや色鉛筆、造形療法で用いる粘土は、幼稚園・保育園や小学校低学年のような気分になることで、退行を促進します。そして、退行によって、いつもとは違う発想や気づきが生まれる可能性があります。
④ グループで芸術療法を行う場合には、同じ課題に一緒に取り組んでいくことで、グループの信頼関係づくりを促進する効果も期待できます。

　なお、芸術療法を扱う人たちの中でも、芸術活動が本格的な心理療法への導入手段であるとする立場と、芸術活動そのものが治療的であるとする立場があるようです。

（3）対象者
　芸術療法を行う対象として、伊藤(2004)は、①神経症、②心因反応、③心身症、④非定型精神病、⑤うつ病、⑥統合失調症（寛解期に限る）、⑦問題行動、⑧家族療法の適応例、⑨児童の心理療法を挙げています。こうして見ると、色々な問題に適応できそうです。ただし、発達段階や病態水準に応じて、適用する手法を選択すべきであるとも付け加えられています。

実践方法は、医療機関での面接、リハビリテーション、集団療法、デイケアの他に、教育領域や福祉領域での援助にも活用できます。例えば、幼児や小学生との遊戯療法はもちろん、授業離脱をする中学生との面接（橋本, 2013）、認知症がある高齢者（黒川, 2001）、学生相談の集団療法（堀之内, 1993）、不登校の中学生への家庭訪問（橋本ら, 2014）に行った事例などが挙げられています。

1.3　芸術療法の種類

芸術療法として適応される芸術活動は、例えば、絵画、音楽、ダンス、造形、陶芸、手芸、詩歌、心理劇、箱庭、書道、写真などが考えられ、幅広いものです。わが国では、芸術活動を学校教育（図画工作、音楽、美術、国語、保健体育、書道など）の中で経験しています。また、これらを習い事や趣味で取り組む人も数多くいます。このため、芸術活動が全く未知のものということはなく、心理療法に取り入れる際の抵抗感は軽減されるものと考えられます。

芸術療法の代表例には、絵画療法、造形療法、箱庭療法、コラージュ療法、身体表現を用いたもの、音楽療法、文芸療法などがあります。第5章以降で、それぞれの技法を詳しく紹介していきます。

1.4　芸術療法の実施方法

援助に芸術療法を用いる際には、援助者の押しつけにならないようにしなければいけません。そして、クライエントがどんな表現方法を望んでいるかを把握して、それが援助の枠組みの中で行うことができるかを吟味して、問題なければ実施します。

具体的には、次のことに注意しながら行うようにします。

（1）導入時

援助の開始時や各セッションの開始時点で、「○○を描いて（作って）みま

6　第1章　芸術療法概論

すか?」と、クライエントに行うかどうかの意思確認を必ず行います。

　また、相談室やプレイルーム内の材料や道具を一通り見せてから、「この中から、あなたが心引かれたもの、何か心にひっかかったものを選んでください」と説明します。子どもの場合は、「何でも好きなものを使ってごらん」と簡単に言っても良いでしょう。

（2）制作時

　制作時は、見守っていても良いし、援助者自身も制作しても良いでしょう。

　時間は、面接やワークの枠組みにもよりますが、30分から1時間程度で行います。

　あらかじめ終了時間を伝えておき、時間ギリギリにさせずに余裕を持って終わることができるように配慮します。突然、「はい、今日は終わりです」などという言い方をすると、クライエントは失望と不信感を持つことになり、援助者との信頼関係や援助の継続などにも影響します。

（3）終了後

　制作が終わったら、一緒に作品を鑑賞します。

　クライエントに作品について簡単な説明をしてもらっても良いですし、「タイトルをつけるなら?」という質問をしてみても良いでしょう。ただし、無理に聞き出す必要はありません。また、援助者が自分の解釈を語らないようにします。

　つまり、アメリカの精神科医サリヴァン(1892-1949)が言うところの「関与しながらの観察」という立場をとります。

1.5　芸術療法を行う際の注意点

　芸術療法を実施する際には、次の5点に注意しながら進めていきます。

（1）制作物の「芸術性」を求め過ぎない

　作品が上手か下手かに目を向けると、制作物のメッセージ性が無視されてしまいます。また、実施に練習を必要とするものほど、メッセージ性は低く

なりますし、クライエントが取り組んでみようというモチベーションが下がってしまいます。つまり、芸術療法に用いる技法は、材料も含めて素朴でわかりやすいものである方が良いと考えられます。

（2）援助者は、必ずしも芸術活動の技能が熟達したものでなくても良い

援助者は、心理療法に用いる芸術活動について一通りのやり方は知っておいた方が無難でしょう。しかし、必ずしも熟達した技能を持っている必要はありません。むしろ、クライエントの表現するものを評価なしで共感的に鑑賞し、それが意味することを理解しようと努める姿勢が大切です。これは、対面対話式の心理面接で発せられる言語表現に対する態度と、何ら変わりません。

（3）気づいたことをクライエントと共有する時間を設ける

芸術療法そのものには、何か決まった答えがあるわけではありません。実際に行ってみて、クライエント自身がどんなことに気づいたかということが大切です。そこで、個人面接の場合はクライエントと援助者で、グループワークの場合は参加者同士で、作品や制作過程についてなど、芸術療法を試行してみて気づいたことを、口頭で発表したり用紙にまとめてみたりする作業を行います。この作業を「シェアリング（共有）」といいます。

（4）クライエントに「やらされた」と思われないようにする

難易度が誰にでもできるものだったとしても、誰もがやりたいと思うかどうかは別問題です。押しつけにならないようにする注意が必要です。また、クレヨンや粘土のような素材は、1.2節の（2）で説明した「退行」を促進する効果がある反面、クライエントによっては「こんな子どもじみたことをやらされた！」という怒りや悲しみを持つ人もいます。

クライエントに対して、効果や意義を丁寧に説明する（インフォームド・コンセント）が必要なケースもあります。そして、クライエントが断る自由を保障することも必要です。

（5）上手下手は関係ないことを伝える

　最後に、芸術療法を用いようとする場合、「うまく作れるかどうか」を心配するクライエントが多いように思えます。このことについて山中(1998)は、「たどたどしく引かれた一本の線も、極めて精妙な絵画的完成物も哲学的には等価である」という精神科医**中井久夫**(1934-)の言葉を紹介しています。

　つまり、芸術は、プロフェッショナルや熟達した芸術家だけのものではなく、人間一般の表現活動そのものであると考えて、芸術療法を実施することが必要であると考えます。

1.6　遊戯療法との関連

　遊戯療法（プレイセラピー）とは、遊びを媒介にして行う心理療法のことです。子どもを対象に行うため、遊びの中で絵を描いたり工作をしたり箱庭を作ったりなど、芸術療法で用いられるアプローチが行われることがあります。つまり、遊戯療法と芸術療法には重なる部分があります。

　また、「遊戯」という言葉から、ただ単に遊べば良いとか、誰でもできるという誤解もありますが、遊びの中には「喜」や「楽」だけではなく、「怒」や「哀」という感情も表されます。このような遊びの中で自己表現をすることで、不満や不安を解消します。そして、面接者との関わりの中で、自分の感情調整や現実への対処方法を学びます。

　芸術療法で表現されるものにも、遊戯療法と同じように、「美しいもの」や「上手なもの」ばかりではなく、「汚いもの」や「なぐり描きのようなもの」もあります。

　クライエントは、以上のような表現を通して自己理解や自己表現を身につけていきます。

1.7 芸道との関連

わが国には、芸道と呼ばれる伝統的な芸術があります。例えば、短歌、俳句、俳画、日本画、書道、華道、邦楽、謡曲、詩吟、茶道、武道などが挙げられます。それらは、精神訓練的な意味や、レクレーションとしての意味を持っています。実施すると、衝動の昇華、全身的調整、社会性を育てることなどに寄与するとされています。

しかし、芸道は伝統的形式を持つために、クライエントの感情表現、個性化、相互交流を抑制してしまい、心理療法には馴染まないという見解もあります。水島(1985)はこうした特徴が、西洋心理療法で見落とされていた人間の基本を見直させると指摘しています。例えば、書道でいう「守破離」は、まず厳格に形式や指示に従うけれども、後にそれを破り、最後は適切な距離を保った自分のペースを獲得します。こうした体験は人間関係にも応用できるものではないかと考えられます。

さらに、芸道は禅文化にも通じるものです。禅は近年認知行動療法などに取り入れられている、**マインドフルネス**にもつながるものです。

第2章 芸術療法の歴史

2.1 芸術療法の始まり

　芸術療法は、通常の芸術活動とともに、精神医学や心理学の諸学派と関連しながら成り立っています。この中で、特に芸術療法との関連が密接なものとして、表現精神病理学、病跡学、臨床心理学が挙げられます。

（1）表現精神病理学

　表現精神病理学は、非言語的な表現行為から精神病理をみる学問です。このために、各種の精神疾患や神経症の患者などが表現した描画や造形作品を研究・考察することによって、その病理との関連を検討し、治療上も有意義な研究成果の情報を得ようとします。対象とする表現活動や創造行為には、絵画、造形、音楽、ダンス、詩歌、俳句・連句、文芸、心理劇、箱庭、陶芸などが挙げられます。つまり、精神疾患などがある人が、自己表現の方向づけを持ちながら、各種の創造的動因により生み出された諸活動の総体を研究対象とします。

　精神病患者の表現病理についての代表的な研究としては、フランスのタルデュー（1872年発表）、シモン（1876年発表）らの論著、そしてドイツの精神科医で美術史家の**プリンツホルン**(1886-1933)がヨーロッパ各地の精神病院から集めた多くの壁画や造形作品をもとにまとめた、『精神病者の造形－造形表現の心理と病理－』（1922年発表）などが挙げられています（伊集院, 1998）。

（2）病跡学

　病跡学とは、作家、芸術家、音楽家、科学者などの傑出した人物について、ライフヒストリー、精神状態、作品などを精神医学的、心理学的、さらに創

造性の見地から系統的に研究する学問です。その材料として、作品などとともに、日記、書簡、自伝、伝記などの資料をもとに、その人がどのような人間であるかを掘り下げていきます。

天才と呼ばれる人々の中には、何らかの精神障害がある人も珍しくないようです。病跡学は、それらの障害や困難な心理的状況をバネにしながらの創造的行為によって、人生を生き抜いた過程を跡づけようとする学問です。

病跡学的な知見は、芸術療法におけるクライエントの作品の内容分析や背景にある心理の理解を助けるものになります（徳田, 1998）。

（3）臨床心理学

臨床心理学は、心理的な不適応に陥っている人を援助する方法を、理論的かつ実践的に探究する心理学の一領域です。そして、精神障害や不適応行動など、基本的には個人の性格や適応上の困難の問題を対象とする学問です。また、問題の分析だけではなく、クライエントの問題解決を手伝います。さらに、臨床心理学は心理療法の理論的背景になります。

臨床心理学の援助に芸術活動を本格的に導入した人物として、スイスの精神科医の**ユング**(1875-1961)が挙げられます。ユングは分析心理学の提唱者であり、無意識という心の中の自分が気づいていない部分の存在を重視しました。このため、当初は精神分析を提唱したオーストリアの精神科医**フロイト**(1856-1939)と良好な関係を築きましたが、後に考え方の相違から独自の理論と実践を構築するに至りました。

ユングは、フロイトとの離別から数年間、心身が不調になりました。その時に、リハビリテーション的に自分自身で描画や石の塔作りなどの造形活動を行ったところ、精神的な癒しを体験しました。また、ユングの患者には治療場面で描画を行う人がいました。つまり、自身の体験と臨床実践から描画の治療的な効果を知りました。

芸術療法という言葉を初めて使ったのは、イギリスのヒル（1951年発表）ですが、ユングも芸術療法の提唱者の一人に挙げても良いと考えられます。

2.2 芸術療法の発展

芸術表現を心理療法に応用できることを広げた人物には、1960年代のアメリカの**ナウムブルグ**(1890-1983)が挙げられています。ナウムブルグは、分析心理学と精神分析のトレーニングを受けています。技法としては絵画を用いて、絵画表現を通じて無意識を解釈しました。具体的には、絵画に投影された象徴を介して、患者と援助者が交流することを目指しました。

ナウムブルグの他に、芸術表現を心理療法の中に取り入れた治療者には、次のような人々がいます。

まず、スイスの心理臨床家**カルフ**(1904-1990)は、ユングが提唱した分析心理学を基盤にして、**箱庭療法**を発展させました。箱庭療法とは、既存の箱、砂、フィギュアなどから空間を構成する技法であり、広い意味での表現活動と考えられます。そして、箱庭を作ることで自己治癒力を目覚めさせて治療を行うことを目指します。

次に、イギリスの小児科医で精神分析家(中間学派)の**ウィニコット**(1896-1971)がなぐり描き法の一種のスクイッグル法を用いて、子どもの治療を行いました。

分析心理学や精神分析の流れ以外では、**クライエント中心療法**を提唱した**ロジャーズ**(1902-1987)の娘であるナタリー・ロジャーズによる表現アートセラピー (Rogers, N., 1993)、**ゲシュタルト療法**の影響を受けたラインが開発したアート体験法 (山上・山根, 2008) が挙げられます。

表現アートセラピーでは「創造性」をキーワードに、ダンスのような身体表現、絵画や粘土などによる視覚的表現、音声や音楽を用いた聴覚的表現、詩や物語を書き出すこと、それらを組み合わせたエクササイズを行っています。一方、アート体験法では、クレヨン、画用紙、粘土などを用いて、リラックスして瞑想をしながら、心に浮かんだイメージを描き出してみるというような作業を行っています。いずれも、「今、ここで」感じたことを大切にしています。

さらに、**家族療法**において、家族に共同で取り組ませる課題の中に、描画、

14 第2章 芸術療法の歴史

粘土、身体表現などが取り入れられていますし（Sherman, R. & Fredman, N., 1986）、アドラー心理学では、芸術の中で最も変革力が大きなものとしてダンスを取り入れていたり（野田, 2016）、作業療法の課題として芸術表現を用いることもあります。

2.3 わが国における芸術療法

　わが国では、1969年に芸術療法研究会、1973年に徳田良仁を会長とする日本芸術療法学会が発足しました。同学会は、表現病理学や病跡学を含んだ視点の深化と、徳田、中井久夫、山中康裕、高江洲義英らによる医療活動・治療行為としての実践をテーマに発展してきています。そして、欧米の学会と異なり、医師と非医師との垣根が低く、様々な職種が学会で一堂に会し、分け隔てなく立場の相違を利点としながら交流しているという特徴があるとされています（徳田, 1998）。

　また、わが国の芸術療法の実践や技法の開発には、箱庭療法の影響が大きいようです。例えば、中井が提唱した枠づけ法は、統合失調症の当事者が作る箱庭には、箱の中で多くの柵が見られたという**河合隼雄**(1928-2007)の講演（1969年）から着想したものです。同じく中井が提唱した風景構成法は、箱庭を二次元化するという発想から編み出されています（皆藤, 2011）。さらに、コラージュ療法は「持ち運べる箱庭」というコンセプトをもとに作られたものです（森谷ら, 1993）。

第3章 芸術療法で扱うもの

3.1 イメージを広げる

（1）イメージとは

　イメージとは、「心の中に思い浮べる像」や「全体的な印象」のことで、心の中にあって、言葉では説明できない視覚的や聴覚的な何かです。

　藤原(2011)は、イメージは、直接は目に見えない主観的で個人的な心理現象であり、外界にある現物と照合しやすい直感像や記憶像から、外界とは程遠い夢やファンタジーまであるとしています。そして、視覚ばかりではなく、聴覚や嗅覚など五感全てで経験され、身体運動や体験とも密接に結びついています。

　イメージには、自分の内面を言葉よりも直接的で自由に表現できるという利点があると考えられます。このため、心理療法では、仮に言語中心の面接であっても、心の有り様や動きを表現するために、イメージを用いて説明することもあります。例えば、ユングが提唱した分析心理学では、人間の心にある自分が気づいていない部分である**無意識**を探るために用いられます。

（2）イメージと面接

　イメージさせるものは視覚的なものが多いとされていますが、「身体に違和感があるところはありますか？」と身体感覚を尋ねたり、「何か聞こえてくるかもしれません」と聴覚を刺激したりすることもできます。

　イメージを用いる面接の手続きには、クライエントが自発的にイメージするものに任せる自由イメージ法と、特定の情景や対象をイメージしてもらう指定イメージ法があります。

　藤原(2011)は、イメージを用いる心理療法として、表3.1のような技法を挙げています。

16　第3章　芸術療法で扱うもの

表3.1　イメージを用いた心理療法の例（藤原, 2011より）

海外の著名なイメージ療法	誘導感情イメージ法、指導覚醒夢法、直観像法、夢療法など
日本で開発された主なイメージ療法	イメージ面接、催眠イメージ面接、自由イメージ法、イメージ分析療法、三角形イメージ体験法、壺イメージ療法
イメージ療法に関連する技法	自律訓練法、催眠療法、フォーカシング、内観法、自由連想法、夢分析、アクティヴ・イマジネーション、暗示療法、イメージ・トレーニング法、トランスフォーメイシナル・ファンタジー、サイコシンセシス、系統的脱感作法、催眠行動療法、イメージ・エクササイズ、ヨーガ、気功など

（3）イメージと芸術療法

　芸術療法は、イメージを具現化する手法といえるでしょう。描画は目に見える形にしたもの、音楽は耳で聞こえるようにしたもの、造形は視覚と同時に触った感じ、つまり触覚にも働きかけるものです。

　実践例としては、面接中にクライエントが「話をしていると、胸のあたりがつかえているような感じがしてきました」と言ったとします。そのつかえを「トゲトゲした物体で、黒くて、重い」などと言語で表現してもらう方法もありますが、それで上手くいかない時は、「そのつかえを絵にしてみてください」と画用紙にクレヨンで描かせても良いわけです。

　さらに、イメージしたつかえについて、「そのつかえに、自分が好きな色のした光のシャワーを当ててください」とか、「そのトゲトゲに口があってしゃべれるとしたら何と言うでしょう」などと、さらなるイメージによって「つかえ」に変化を促す方法があります。

　頭の中で上手くイメージできなければ、画用紙に描き出したイメージを、「グシャグシャに丸める」「さらに色を塗り重ねる」「目や口を描き足して、にっこりとほほ笑んでいる様子に変える」などと、目に見える形で変化させることができます。

このような自由に描かせるやり方では戸惑ってしまうクライエントならば、「実のなる木を描いてください」などと描く対象を指定しても良いわけです。

3.2　ナラティブ（物語）をつむぐ

（1）ナラティブとは

　ナラティブとは、「語り」「事実に基づく物語」「内容に重点を置いた物語」などの意味があります。森岡（2011）は、「筋を通じて複数の出来事がつなげられ、1つのまとまりをもって区切られる言語形式」と説明しています。例えば、起きている出来事がいくつもあると、上手くとらえられずに混乱することもありますが、それらを1つのストーリーにまとめることができれば、とらえ方が肯定的なものになる可能性が高まります。

　また、ナラティブは、ある出来事や関係の意味づけに関わるものです。つまり、起きた出来事は変えられなくても、それをどうとらえるかは変えることができます。

　さらに、ある人の話を聴いていると、同じテーマが繰り返し語られるということがあります。Singer（1992）はこれを「中核スクリプト」と名づけました。ある1つのテーマが、離れた時点の出来事とつながり、語り手が気づかなかった出来事Aと出来事Bが結びつくことがあります。聞き手は、異なる時点での出来事の語りに、同じテーマが繰り返されることに気づくことができます。

　同じテーマを繰り返し語られると、聞き手は「またか」とうんざりするかもしれません。しかし、何度も語られるということは、語り手のライフヒストリーの中で重要なテーマということです。また、同じ話を繰り返し語りながらも、その細部が変化してくることもあります。このため、繰り返し語られるテーマを具体化することができれば、語り手にも聞き手にも問題への気づきが生まれると考えられます。

（2）ナラティブと心理面接

　「事実は変えられなくても、語りのあり方でその意味づけが変えられる」というナラティブの特性を、心理療法に活かす試みがなされてきています。例

えば、社会構成主義を理論的背景に、ホワイトらが行った家族療法での取り組みを、「**ナラティブ・セラピー**」といいます。これは、家族療法の中でも新しいものとされています（4.5節の家族療法参照）。また、河合隼雄が分析心理学の立場で、「物語」や「語り」を心理療法に導入したり、精神分析の中でもナラティブという視点が取り入れられたりしています（森岡, 2011）。

　ナラティブを面接で用いる際には、例えば語りがいつの時点のものかということに注目しても良いでしょう。現状を象徴する物語ならば、「今、ここで」のクライエントの問題を示すものになり、アセスメントや洞察を深めることにつながります。一方、「こうなりたい自分を示す」未来の物語ならば、家族療法でいう「未来志向」の視点を得ることができます。

　例えば、筆者のところに不登校の中学生がその両親とともに来談したケースで、「犬（この中学生が大好きなものに挙げた）が困難に直面するのだけれども、それを乗り越える」という物語を家族全員で作るという課題を出したことがあります。これには、家族全員に問題が解決するイメージをさせて、そこにつながるプロセスを共有させるねらいがありました（橋本, 2005）。

（3）ナラティブと芸術療法

　物語を作ることに、芸術表現を用いることができます。そのものずばりで、物語を書き連ねたり、口頭で語ったりすることができます。詩や俳句にまとめてみることもできます。

　文章をつづるのが苦手なクライエントならば、問題を象徴する絵を1枚描いてもらうこと、粘土で造形物を作ってもらうこと、象徴する格好を身体で作る身体表現でも良いでしょう。作ったものについて説明をするという形で、物語を語ってもらうわけです。

　この作業により、クライエントの問題を把握することができます。さらに、「どのようになったらよいでしょう？」という未来志向の質問をして、クライエントが作った話、絵、造形、身体表現を作り替えて、それについて説明してもらいます。このことで、今までのものと変わる新しい選択肢の物語を作り出すことができます。

第4章 芸術療法の背景にある臨床心理学の諸理論

　第2章で説明した通り、芸術療法は様々な臨床心理学の理論が背景にあって成り立っています。本書では、分析心理学、精神分析、クライエント中心療法などのロジャーズの考え方、ゲシュタルト療法、家族療法を取り上げて説明します（丹野, 2015; 杉山, 2015; 田中, 2009; 川嵜, 2009; 吉村,2009 などを参考）。

4.1　分析心理学

（1）概要

　分析心理学は、スイスの精神科医の**ユング**(1875-1961)が提唱しました。ユングは**フロイト**の『夢分析』および無意識の考えに共感して精神分析を学びました。そして、アドラーとともに、国際精神分析学会の創立に関わるなど、フロイトの後継者として期待されていました。しかし、フロイトの考え方が生物的視点に偏っている、心のエネルギーは性欲以外にも広げて考えるべきなどの考え方の違いから、フロイトと袂を分かちました。

　具体的には、ユングは、心が**意識**と**無意識**からなると考えました。これはフロイトの考え方と同じでしたが、後で説明する通り、無意識のとらえ方が違っていました。また、ユングは、家族の不和やフロイトとの離別などの影響で精神病的体験をしています。これらがユングの理論や著作の基礎になっていると考えられています。

（2）理論

1）タイプ論

　まず、ユングは、人間の態度を内向と外向の2つに類型化（タイプ分け）

しました。**内向型**は、判断基準が自分にあり、自分自身に対する関心が強いという特徴があります。**外向型**は、判断基準が他人や社会にあり、他人や周囲の出来事に対する関心が強いという特徴があります。

次に、ユングは心理的機能を思考、感情、直観、感覚の4つに分類しました。**思考**は論理的、観念的に判断する機能、**感情**は好き嫌いで判断する（受け入れるか否か）機能、**直観**はひらめきで対象の背後の可能性を見抜く機能、**感覚**は今ここで、五感で感じることができるものに現実感を持つ機能です。

思考と感情は判断機能であり、合理的な機能で説明が容易なものです。一方、直観と感覚は知覚機能であり、不合理的で説明が難しいものです。

この4つの中で、最も発達し意識的な意志決定に役立つものを優越機能といい、その対にある機能を劣等機能といいます。さらに、優越機能は2番目に強力な機能である補助機能の支援を受けているとされます（Sheikh, 2002）。

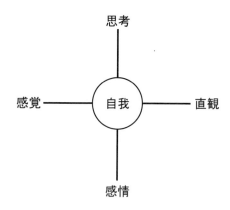

図 4.1　ユングの心理的機能の分類（Jung, 1953）

以上のように、態度の類型である内向－外向と、優越機能（場合によっては補助機能も）を合わせて、個人のパーソナリティを分類できると考えます。例えば、内向－感情型とか、外向－直観／思考型というように類型化します。

２）個人的無意識と集合的無意識

　前述のように、ユングは無意識の存在を重視しましたが、無意識の構造についてはフロイトとは異なる意見を持っていました。

　ユングは、意識は心の中で自分がわかっている部分であり、その中心に**自我（ego）**があり、自我の統制力によって意識はまとまっていると考えました。

　そして、意識の深層には、広大無辺の無意識の層が存在すると考え、意識は、外界とともに無意識の層からも絶えず何かを吸収して発展すると考えました。その無意識は次の２層に分かれていると考えました。

　まず、上層に**個人的無意識**があります。これは、生育の途上で忘却・抑圧されたものであり、個人の体験や思い出の積み重ねです。個人的無意識は、自我によって抑圧されています。フロイトの言う無意識はこの部分です。

　下層には**集合的**（普遍的）**無意識**があります。これは、個人や文化を超えて、人類が共通に持つ無意識であり、個人の心の真の基礎かもしれないとユングは考えました。

　無意識は、意識の働きを補償するためにメッセージを送っています。しかし、無意識に気づくことは難しいと考えました。そこで、無意識にアクセスする工夫が必要であると考えました。これが分析心理学の技法であり、芸術療法はその１つとして用いられています。

３）元型

　ユングは、集合的無意識が意識化する時、ある種のパターンに類型化できると考えました。つまり、語りや造形を用いて無意識を表現させていると、クライエントたちが共通して表現するものがあると考えました。それらを分類してまとめたものを「**元型**」と呼びました。

　理論的には元型はいくらでも存在するとされていますが、どれが現れるかは、クライエントの問題次第です。つまり、１つのみ現れたり複数現れたりします。

　そして、元型は意識に影響を与え、イメージの源泉になるとされています。夢や空想の中に現れたり、世界各地の神話やおとぎ話を生んだりしています。

代表的な元型は次の通りです。

① **ペルソナ**：外界への適応をするためにかぶる「役割」という仮面。時代や文化によって変化する余地があるが、変化せずに硬直化すると、柔軟な対応ができなくなる。

② **シャドウ**：隠しておきたい、認めたくないと思っている自分。自分のシャドウが表に出ている人を見ると、嫌悪感が湧いてくることがある。

③ **アニマ／アニムス**：アニマは男性の心の内なる女性像。アニムスは女性の心の内なる男性像。現実に好む異性像に影響を与え、男女間の愛情を生んだり、男らしさ／女らしさを認識する原点になる。

④ **グレートマザー**：母親元型。育て養ってくれる面と、飲み込み束縛する面とある。

⑤ **老賢者**：父親元型。論理、権威、秩序などを表す。迷える人を導いてくれる。

⑥ **トリックスター**：権威や秩序を破壊する存在。いたずら者や道化師のイメージで現れる。古い秩序を壊し、新しい創造をもたらすが、無意識的に行われる。

４）無意識の働き

ユングは、無意識は合理性・自律性を持ち、一面的になりがちな意識を無意識が補償すると考えました。そして、第一の人格と第二の人格があると考えます。第二の人格から目を背けていると、先ほど説明した「シャドウ」になって、無意識的に好ましくない行動や感情が発生すると考えます。

さらに、意識と無意識を含めた心の中心を、**自己**（self）と呼びました。この自己が活性化すると、無意識による補償や人格の統合が進むと考えます。

ところが、無意識にはコンプレックスがあります。これは、「特異で、苦痛の感情を伴う心の要素」であり、心の統合を阻むものです。解消と統合のためには、コンプレックスに向き合って対決する必要があります。

以上のことを、川嵜(2009)は心の構造を図4.2のようにまとめています。

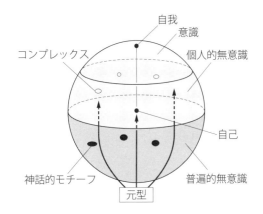

図 4.2　分析心理学で考える心の構造（川嵜, 2009）

5）個性化

　分析心理学では、症状の消失や課題の解決だけではなく、ユングが個性化と呼んだ自己実現の促進を重視します。個性化とは、個人に内在する可能性を実現し、対立する要素や弱点も統合していくことによって、より高次の全体性に至ることです。人は一生かけて個性化の過程を歩むと考えます。
　自己は、意識と無意識を含んだ心の全体性の中心として機能し、人生全体を統合するための役割も果たす重要なものです。

（3）主な技法

　分析心理学に基づく心理療法では、意識と無意識を対話させることによって、自分の内的世界を明らかにし、心の調和を図ることを目指します。
　このためには、自分の無意識を知らなければいけませんが、無意識は目に見えるものではありません。そこで、分析心理学では、無意識を表現する方法として、主に夢やファンタジーを素材にして、精神分析と同じく夢分析を用いたり、イメージを用いた面接を行ったりします。
　夢を用いる技法として、夢分析が挙げられます。夢分析では、夢の中に出てきた、ある「象徴」から様々なものをイメージして、夢が伝えようとする意識を超える何かを探ろうとします。解釈するのではなく、夢を体験して気

24   第4章　芸術療法の背景にある臨床心理学の諸理論

づいたこと（内的体験）を大切にします。

　イメージは、無意識の世界を目に見える形で例えたものです。イメージを利用する技法の例には、箱の中に砂とミニチュアで世界を作る**箱庭療法**や、絵画や造形を用いて表現する**芸術療法**などが考えられています。

（4）分析心理学と芸術療法

　分析心理学の主要な技法の1つに、芸術表現の利用があります。これは、分析心理学の中で重視される元型などのイメージが、言語だけでは表現しきれないものだからです。

　分析心理学では、心の中のイメージに能動的に関わり、具体的にしようと努力することが重要であると考えます。また、芸術療法で言語以外の表現方法を体験することで、思考のような知的理解にとらわれずに、直観、感情、感覚のような非言語的、情動的なものを受け止めることにもつながると考えます。

4.2　精神分析

（1）概要

　精神分析は、オーストリアの精神科医の**フロイト**(1856-1939)が提唱したものです。開業医としてヒステリーや神経症に関わりながら、「無意識の存在と働き」「心的装置とパーソナリティ」「精神性的発達論と防衛機制」などの基本的な理論をまとめました。

1）無意識の存在と働き

　無意識とは、自分ではコントロールできず、知覚もできない（気づいていない）領域です。一方、**意識**は今気づいている領域です。そして、**前意識**は注意を向けると意識できる領域です。

　精神分析では、無意識が人の行動を決定していると考えます。しかし、無意識と意識の間には抑圧が働いており、通常はアクセスできません。しかし、

アクセスしようという試みに意味があると考えます。

２）心的装置とパーソナリティ

　心の領域を、意識、前意識、無意識という視点で説明したものが局所論です。そして、心の領域を、**イド**（エス）、**自我**、**超自我**という機能で説明したものが構造論です。

　イド（エス）は、**リビドー**と呼ばれる心的エネルギーが存在し、欲求や衝動の源泉です。そして、外界を無視してそれらの満足を求めるものです。

　自我は、イド、超自我、外界の要求のバランスを取り、コントロールします。そして、現実検討や思考を司るものです。

　超自我は、両親のしつけや社会の価値が内在化されたチェック機関です。そして、イドや自我を道徳的方向に向かわせようとします。

　人の個性（パーソナリティ）や行動は、図 4.3 のように、この 3 者のバランスと外界の圧力に影響されると考えます。

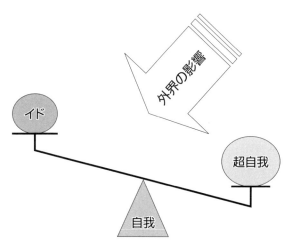

図 4.3　心的装置のイメージ

　イドは無意識に存在します。一方、自我と超自我は、無意識と意識に存在します。そのうち自我は大部分が意識的に働きます（図 4.4 参照）。

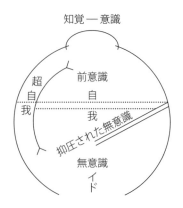

図4.4　フロイトによるパーソナリティの構造（Freud, 1932）

3）精神性的発達論

　フロイトは、心的エネルギーの中でも性衝動のエネルギーを重視して、これを**リビドー**（性欲）としました。リビドーは生まれた時から存在し、発達段階ごとに快楽を感じる身体の部分が異なると考えました。そして、リビドーの発達段階を、リビドーを感じる身体部位の名前を使って、口唇期（生後～1歳半）、肛門期（1歳半～3歳）、男根期（3～5歳）、潜伏期（6～12歳）、性器期（思春期以降）としました。

　それぞれの発達段階でリビドーが十分に満たされれば、次の発達段階にスムーズに移行します。一方で、十分に満たされなかったり、反対に、満たされ過ぎたりした場合には、その発達段階に特有の感情へのこだわりを持ち続けることになります。これを「**固着**」といいます。そして、発達段階が進んだ後に、何かストレスを受けたり欲求不満状態になったりした時に、固着がある発達段階に戻ったような気持ちになったりふるまったりすることがあります。これを「**退行**」といいます。固着や退行のパターンが、性格を形成したり、神経症という心の問題につながったりすると考えます。

4）防衛機制

　フロイトは、心の平衡状態が失われた時に、自我が無意識的かつ反射的に

発動する対処方法として、**防衛機制**を提唱しました。防衛機制には、合理的な方法と、社会的に認められない方法、合理的ではない方法があります。

　精神分析理論の発展とともに、自我心理学を提唱したアンナ・フロイトをはじめとする精神分析家は、防衛機制には積極的で適応的な側面もあると考えるようになりました。例えば、次のようなものがあります。

抑圧：不安や苦痛をもたらすような感情や思考、不快な記憶や他者に知られたくない欲求などを、意識に上らないように無意識に抑えることをいいます。最も基本的な防衛機制とされています。

投影：自分が持っていると認めたくない欲求や感情をいったん抑圧し、それを他人が持っていると置き換えて、あたかもその欲求や感情を、他人が本当に持っているように感じるようにすることで、心の安定を図ることをいいます。これらの過程は、無意識に行われています。

同一化：ある対象の考え、感情、行動などを無意識的に取り入れて、その対象と思考、感情、行動などを同じにしようとすることをいいます。

昇華：社会的に認められない欲求や感情を、社会的に認められる形に変えて表出して満足を得ることです。最も合理的な防衛機制といえます。

5）転移 ― 逆転移

　心理療法は人と人とのやり取りを基盤としています。このため、実施する中で、クライエントはもちろん、専門家である援助者にも、様々な感情や行動が生まれることがあります。この時に、自分自身の心の動きを気づいて理解しているかどうかで、援助の進み方が大きく変わってきます。**転移－逆転移**の理解はその基本です。

　転移とは、クライエントが別の人物に向けている感情を、治療の中で援助者に向けることです。転移には、**陽性転移**（憧れ、愛情、信頼、賛美など）と**陰性転移**（非難、憎悪、反抗、敵意など）の２種類があります。

　逆転移は、援助者がクライエントに向ける無意識的感情や態度、考え、および全ての無意識的心理反応です。援助者が自分の逆転移に気づいていないと、面接がうまく進まなくなります。

28 第4章 芸術療法の背景にある臨床心理学の諸理論

（2）フロイト没後の展開

　精神分析は、フロイトを引き継いだ者とフロイトに批判的な者の2つに分かれました。前者は、自我心理学派、クライン学派、中間学派の大きく3つの学派に分けられます。後者は、ユング、アドラー、新フロイト派などが挙げられています（乾, 2015）。本書では、前者の3派を紹介します。

1）自我心理学派

　発達段階ごとの自我の働きや適応方法を重視しました。主要な人物と業績は次の通りです。アンナ・フロイト（フロイトの娘）は防衛機制の整理をしました。エリクソンは、自我同一性という概念と心が生涯発達するというライフサイクル論をまとめました。スピッツ、ボウルヴィは、母親との愛着形成とその後の対人関係を論じました。マーラーは、子どもが母親から離れる過程をまとめた分離－個体化理論を提唱しました。

　自我心理学派は、子どもには言葉による分析ができないため、親へのガイダンスを重視し、親を通して子どもへの介入を行おうとしました。

2）クライン学派（対象関係論）

　母親と子どもの二者関係を重視しました。そして、子どもが持つ空想や幻想が現実を歪めると考えました。さらに、「ポジション概念」を提唱し、人の心は生涯、抑うつポジションと妄想分裂ポジションを行き来すると考えました。有力な研究者はクライン、スィーガル、ビオン、ガントリップらです。

　また、子どもは遊びを行うことで自由連想ができると考え、遊びを通した体験に基づく治療である「**遊戯療法**」を発展させました。

3）中間学派（独立学派）

　自我心理学派と対象関係論の論争、対立の中で、どちらにも属さない人たちによって生じた考え方です。対象関係論と同じく、母親と子どもの二者関係を重視します。有力な研究者はウィニコット、バリントらで、乳児期の母子関係、特に、母親と未分化な一者関係から、分化した二者関係に進む「移

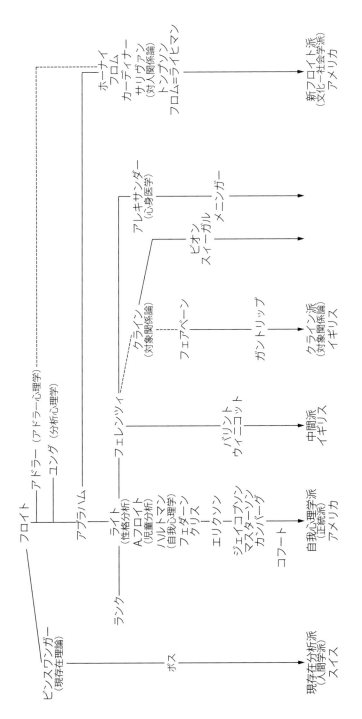

図 4.5 フロイトの精神分析の系譜（前田, 1985）

行期」を重視しました。そして、移行対象、ほどよい母親、「抱えること」などの概念を提示しました。

（3）主な技法

精神分析では、無意識に抑圧した過去の葛藤・記憶・感情を意識化することを目指します。これは、無意識に振り回されなくなるようにするためです。

具体的には、転移－逆転移と**抵抗**を取り扱います。抵抗とは、抑圧されていた無意識が現れそうになった時に、面接の進行を妨害する行動に出ることです。例えば、欠席する、遅刻する、発言しないなどがあります。

1）自由連想法

精神分析の最も基本的な技法です。椅子や寝椅子で、頭に浮かぶこと全てのことを、批判や選択することなしにそのまま言葉にしていく方法です。

クライエントが話す言葉とともに、語りの滑らかさ、滞り、文脈の流れなどからも心のありようを探っていきます。

2）明確化、直面化

2つ合わせて介入ともいいます。クライエントの言葉に言葉で応答していく技法です。

明確化は、クライエントの曖昧な話を整理して伝えていく作業です。一方、直面化は、話の食い違いや明白なのに本人が気づいていないことを提示する作業です。

3）解釈と洞察

解釈は、援助者が、クライエントの言動の主体的意味を明らかにする分析的探求を行うことです。一方、**洞察**は、クライエントが自分の問題について考えをまとめることです。

解釈は、洞察を助けます。解釈と洞察によって、クライエントが、自分の無意識の行動や感情の動きに気づき、それらの意味や問題への影響を吟味するようになることをねらいます。

４）反復強迫と徹底操作

これらは技法というよりも、面接の過程のことです。

反復強迫は、苦痛に満ちた体験や人間関係を繰り返すことです。不合理なものであっても、慣れたものを変えることは難しいために繰り返されます。

そして、徹底操作は「体験（反復強迫）→ 解釈（理解）→ 洞察 → 体験 → 解釈 → 洞察 → …」の繰り返しのことを指します。

（4）フロイトが与えた影響

フロイトの考え方には、批判も多々ありますが、國分(1980)が指摘するように、フロイトには精神分析学派の後継者が数多くいるとともに、考え方の違いで分かれていったとはいえ、共同研究者や教えを受けた人も数多くいます。例えば、分析心理学のユング、行動療法のウォルピ、ゲシュタルト療法のパールズ、交流分析のバーン、アドラー心理学のアドラーなどです。

つまり、どの理論や技法を学んで実践するにしても、その源流や背景、影響、あるいはアンチテーゼとして、フロイトが考えた精神分析があることは、忘れてはいけないと思われます。

また、精神分析の理論は、医学、心理だけではなく、思想、文学、芸術、社会現象などの理解にも用いることができるという利点もあります。

（5）精神分析と芸術療法

フロイトは芸術表現を治療に用いませんでしたが、フロイトの後継者たちは、子どものクライエントへのアプローチを模索する中で芸術活動を取り入れています。例えば、子どもへの直接的なアプローチが可能であると考えた対象関係論や中間学派では、遊戯療法を行っています。その遊びの中に、描画などの芸術療法のアプローチを用いることもあります。例えば、中間学派のウィニコットは、なぐり描きを使った治療を行っています（5.4節参照）。

また、精神分析の理論を通して芸術作品を見ると、作者の無意識のあり方を分析することができます。例として、コラージュ（6.5節）や詩歌（8.3節）の解釈があります。

4.3 ロジャーズの考え方

(1) 概要

アメリカの臨床心理学者**ロジャーズ**(1902－1987)は、人間は自らの内部に、自己像（概念、理解）や行動を変える大きな資源を持っていると考えました。そして、援助者が、クライエントの持つ成長可能性が十分に開花するような場を提供すれば、クライエントは自然に心理的成長を遂げると考えました。また、ロジャーズの理論では、クライエント個人の体験的世界がどのようになっているかに沿って援助を行います。

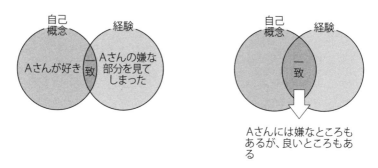

図4.6　自己概念と経験の関係

心の問題は、**自己概念**（自分の考え方）と**経験**の矛盾を意識に取り入れられず、やり方がパターン化することによって起こると考えました。つまり、心の問題という心理的に不適応な状態は、自分の考え方と相いれない経験を受け入れないことにより、状況に柔軟に対応できずに決まりきったやり方をすることを指します。この結果、やり方がパターン化することによって、心の問題が起こります。そこで、図4.6の左側のような状態から、右側のように自己概念と経験の一致する範囲が広いほど良いと考えられています。

(2) 基本的仮説

ロジャーズの理論では、人の心のとらえ方や治療の方針を、次のように考えています。

まず、個人の内部には、成長・健康・適応のための資源があると考えます。そして、適応の知的な面よりも情緒的な面を強調します。また、過去の出来事（トラウマや生育歴）よりも、現在の直接の場面を重視します。さらに、治療的関係それ自体が、成長の経験であると考えます。

ロジャーズは、相談に来る人を患者ではなく、クライエントと呼び、「自発的に援助を求める人」としました。そして、ロジャーズは医師以外が心理療法を行える道筋に大きな影響を与えたともいえます。

（3）ロジャーズの実践の展開

ロジャーズの心理療法は、**人間性心理学**というパラダイムを基盤にしたものです。人間性心理学では、人間一人ひとりは本来健康で「自己実現」を目指して成長すると考えます。そして、精神病理は、自己実現傾向が阻害された状態と考えます。

人間性心理学に基づいたロジャーズの実践は、次の4期に分けることができます。

1）第1期：非指示的療法（1940年代）

ロジャーズのアプローチは、クライエントが感情を解放し、感情や行動を洞察することを助けるために、強制や解釈をせずに、受容的な態度をとりました。こうしたアプローチを「非指示的」と称しました。

技法としては、「簡単な応答による受容」や「感情の反射」を行いました。

2）第2期：クライエント中心療法（1950年代）

「非指示的」という言葉は、「クライエントの発言をおうむ返しのように繰り返すだけ」という誤解を生みました。このため、ロジャーズは「クライエント中心」という用語を使うようになりました。

自己理論（自己概念と体験の一致／不一致など）やパーソナリティ変化の必要十分条件などのロジャーズの理論の主要な考え方が、この時期に完成しました。また、ロジャーズは援助の効果測定を試みました。

3）第3期：体験過程療法（1960年代）

　統合失調症があるクライエントへの援助から、非言語的方法も重視して、クライエントの「体験過程」に焦点を当てるようになりました。そして、大学で同僚であった**ジェンドリン**(1926-)とともに、「**フォーカシング技法**」を開発しました。

　体験過程とはfeelingであり、思考されたり、知らされたり、言語で表現されるものではありません。今、ここで感じたものを、概念化（言語化や意味づけ）していく過程、つまり照合（注意を向けること）を重視します。

4）第4期：エンカウンターグループとパーソン中心アプローチ

　エンカウンターグループは、心理療法を必要としない、健常な人々の人間的成長の促進を目指したものです。この時期、ロジャーズの関心が、世界平和や人種間、国家間、文化間の緊張緩和への取り組み（例：北アイルランドの宗教対立への介入）にシフトした結果によるものと考えられます。

　活動が心理療法に留まらなくなったので、ロジャーズの理論と実践を「パーソン中心アプローチ」と呼ぶようになりました。

（4）援助によって起きること

　ロジャーズは、自身の面接記録を、クライエントの「自己像」と「行動像」に分けて分析しました。クライエントは、自分の行動像の問題（例：自分がなすべきこと、やりたいことができない）を語ることが多いですが、その際に自己像にも問題が生じています（例：自分がわからない、何が起きているか気づいていない）。

　そこで、まずは自己像の把握と理解に焦点を当てます。ロジャーズは自らの臨床経験から、面接により自己像が変化すると、その変化に応じて行動像も変化するとしています。クライエント中心療法では、クライエントの行動を変えるような指導をするのではなく、自己像の変化によってクライエント自身で行動を変えることを目指します。

　ロジャーズは、心理療法の中でクライエントが次のように変化すると述べています。

開始期：自己概念が狭い。自分の体験に閉じている。他人との親密な関係も持つことを恐れる。いろいろな問題に興味を持てない。

中期：自己概念が柔軟になる。自分の体験や感情から目を背けない。行動も変化する。

後期：流れの中で生きるようになる。他人との関係が開放的になる。「十分に機能する人間」と呼ばれる状態になります。

具体的には、表4.1のような過程をたどります。

表4.1　変化の過程

ストランズ	過程の段階		
	低（Ⅰ〜Ⅱ）	中（Ⅲ〜Ⅴ）	高（Ⅵ〜Ⅶ）
感情と個人的意味づけ	自分のものと認められない	自分のものであるという感じが増す	流れの中で生きる
	表出されない	表出が増す	十分に体験される
体験過程	体験過程から遠く離れている	遠隔感が減る	体験する過程の中に生きる
	意識されない	意識される	重要な照合体として用いられる
不一致	認識されない	認識が増す	一時的にだけある
		直接的体験過程が増す	
自己の伝達	欠けている	伝達が増す	豊かな自己意識が望むままに伝達される
体験の解釈	構成概念が硬い	硬さが減る	構成概念は一時的
	構成概念が事実として見られる	自分自身が作るものという認識が増す	意味づけが柔軟で、体験過程に照合して検討される
問題に対する関係	認識されない	責任をとることが増す	問題を外部的対象として見なくなる
	変えようとする要求がない	変化することを怖がる	問題のある側面の中に生きている
関係の仕方	親密な関係は危険なものとして避けられる	危険だという感じが減る	直接的体験過程に基づいて開放的に、自由に関係を持つ

（5）技法と態度

ロジャーズは、技法よりもどのような態度でクライエントに接するかを重視しました。その際に、「感情の受容と反射」および「パーソナリティ変化の必要十分条件」を挙げました。

1）感情の受容と反射

教示や指示をせず、クライエントを中心に話し合いを進め、感情を抑えず自由に発言させます。

その発言を受け入れたり（例：**傾聴**）、繰り返したり（例：おうむ返し、要約）、クライエントの感情を反射したりすることで、クライエントの情緒的緊張を緩めます。緊張が緩むと、抑圧された感情が解放されます。すると、自分を素直に受け入れ、理解することができるようになります。この結果、人格の再体制化が起こり、行動が変容すると考えます。

2）パーソナリティ変化の必要十分条件

クライエントのパーソナリティ変化の必要十分条件として、次の6条件を挙げました。

① クライエントと援助者に心のつながりがある。
② クライエントの体験と自己概念が不一致状態にある。
③ 純粋性を持つ。
④ 無条件の肯定的関心を向ける。
⑤ 共感的理解を体験する。
⑥ クライエントが援助者の態度を知覚する。

このうち③～⑤は、援助者の3条件と呼ばれ、援助の際に重視されました。例えば、心理援助で有名な「**傾聴**」は、共感的理解の実践とされています。

後の効果測定では、援助者の3条件と心理療法の効果には相関関係が見られました。しかし、必要十分条件ということではないとされています。

（6）ロジャーズの考え方と芸術療法

　ロジャーズの考え方に基づく心理療法は、傾聴やおうむ返しをはじめとする言語によるアプローチを想像するかもしれませんが、それはロジャーズの実践の一部です。ロジャーズの実践は大きく4期に分けられるとされていて、第3期の体験過程や第4期の集団での実践の中に、芸術療法的なアプローチと結びつくものがあったのではないかと考えられます。

4.4　ゲシュタルト療法

（1）概要

　ゲシュタルト療法は、ドイツ生まれの精神科医**パールズ**(1893-1970)が創始した心理療法です。パールズはもともと精神分析を学び、南アフリカで活動していましたが、その考え方が精神分析の学界には受け入れられず、独自の道を進むことになりました。50代でアメリカに移り、エンカウンターグループやセンサリー・アウェアネスを広げたカリフォルニアのエサレン研究所で研修を行うなどの活動をしました。

　パールズが教えを受けた人としては、ゲシュタルト心理学者のゴールドシュタイン、実存哲学者のブーバー、精神分析家のライヒ、フェニケル、ホーナイが挙げられています。また、影響や接触があった人物として、フロイト、ユング、ランク、アドラーも挙げられています（丹野, 2015; 國分, 1980; Zeig, 1987）。

　パールズの考え方は、ロジャーズと同じく人間性心理学のパラダイムの中に含まれています。

（2）理論

　ゲシュタルトとは、「形」「全体」「統合」という意味のドイツ語です。そして、ゲシュタルト療法に影響を与えたゲシュタルト心理学は、20世紀の初頭にドイツで起こった学派で、知覚の現象を説明するものです。具体的には、「図と地」と「気づき」の2点を重視します。

1) 図と地

　何か見える時に、背景から浮き上がってまとまった意味のある形として知覚された刺激を「図」といい、背景の中に混ざっている刺激を「地」といいます。つまり、知覚とは、ある刺激の中から何か意味のあるものを選んで、地と図を分離することなのです。自分が注目しているものが図になり、他のものは地として注目しなくなるわけです。

　この図と地が、見る人によって入れ替わりやすい例として図4.7が挙げられます。この図形は、中ほどの白い部分に注目して図として知覚すれば、杯に見えてきます。その場合、周囲の黒い部分は地となります。一方、周囲の黒い部分に注目して図として知覚すれば、向き合った二人の横顔に見えてきます。その場合、中ほどの白い部分は地となります。

　ゲシュタルト療法では、人間の欲求や感情も図と地で説明します。例えば、2つの欲求が同時に生起した場合には、より高次なものや必要に迫られたものが図として認知されて、選択されます。それが満たされたり不可能という結論になったりすれば、もう1つの欲求の方が図となります。これを**図地反転**といいます。

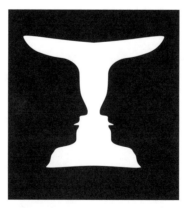

図4.7　図地反転図形の例（Rubin, 1921）

　ただ、失恋や定期試験不合格のような強いショックを受けた場合、この図地反転が起きずに、叶わなかった欲求しか見ることができなくなることもあ

ります。ゲシュタルト療法では、自分の経験の別の一面も見ることで、視野を広げることを目指します。

2）気づき

気づきとは、「今、ここで」自分の身体の内外で起きていることを感じ、意識することです。クライエントがあることを話したり考えたりした時に、自分の呼吸の様子、声の調子、顔の表情のような非言語的コミュニケーション、手が緊張しているというような身体感覚に注意を向けさせます。例えば、「父親のことを話しているうちに、こぶしを握りしめていた」というようなことに注目します（倉戸, 2011）。

このように、ゲシュタルト療法では「今、ここで」の体験を重視します。仮に過去のテーマを扱っても、そのことを思い出している「今、ここで」の自分にどのようなことが起きているかに注意を向けます。精神分析のような言葉や解釈ではなく、体験したことから何に気づくかを大事にする心理療法です。

3）目指すもの

ゲシュタルト療法では、2つ以上の欲求が競合して選択できない状態を、不統合の人格像とします。

不統合の人格の例として、「**未完結のわだかまり(unfinished business)**」があります。これは過去の出来事で、完結していない経験や心残りのことを指します。精神分析の抑圧に近い概念です。

ゲシュタルト療法では、不統合状態から、自分の欲求が何かを「図」として認知してコンタクトしたり関わったりできる状態を目指します。すなわち、図地反転を行える状態にある「統合を志向する人格」になることを目指します。

（3）技法例

上記のような統合を志向する過程は、クライエント自身の気づきによって促進されると考えます。具体的には、「気づく　→　気づきを言語化する　→　そ

れにコンタクトする」という過程を経ると考えられています。

この過程を促進するために、援助者はクライエントに関わります。その具体的な手段として、技法が用意されています。以下で、その代表例を紹介します（倉戸,2011; 國分, 1980）。

1）ホット・シート

2つの椅子を用意して、その上に他者や自分自身が座っていることをイメージして対話をさせます。例えば、「小学生の時に自分をいじめた相手」「自分が3歳頃の父親」「Aという考えの自分とBという考えの自分」などということをイメージします。

こうしたイメージとの対話によって、未完結のわだかまりを解消したり、自らの欲求や感情に気づいたりすることを目指します。「**エンプティ・チェア技法**」ともいいます。

わが国では、椅子を使うだけではなく、床に座布団を並べる形式もとられます。例えば、対話する相手に圧迫感や権威がある場合には、座布団を何枚も積み重ねることでそれを表現します。

なお、エンプティ・チェア技法は、家族療法でも用いられます。

2）ボディ・ワーク

自分の内面は象徴的に身体に現れると仮定して、クライエントをそれに関わらせます。このために、自分の身体の中で違和感が生じている部分がどこにあるかを、続いてその違和感のイメージを言語化させます。

例えば、筆者のケースでは「喉の奥にコルク栓が詰まったようになって言いたいことが口にできない」とか「両肩に薄い膜がべったり覆いかぶさったようになって辛い」などとクライエントが表現しました。

これに対して、「その部分に口があったらなんと言うでしょう？」とか「それを誰に一番言いたいのでしょう？」などの擬人法を使って質問をして、身体の違和感が象徴する内面に気づき、言語化させていきました。

3）実験

　クライエントが普段しない行動や発言を、面接の中で実験的にやらせてみる方法です。例えば、「その場面で最悪の言い方を言ってみてください」などということです。実験をした結果、クライエントに自分がどういう経験をしたのか、どんな気づきが得られたかなどを尋ねていきます。

4）ファンタジー・トリップ

　クライエントをイメージの世界に誘導して、その中で老賢者や書物に出会わせて、対話をしたり助言を得たりすることで、自分の中にある可能性などに気づかせる技法です。

5）夢のワーク

　パールズはユングの夢の概念を発展させて、見た夢を「今、ここで」演じさせて、登場人物や事物になってみさせます。これにより、クライエントが夢とコンタクトをとり、自分自身の気づきや他者との関係を生み出すことができると考えます。

（4）ゲシュタルト療法と芸術療法

　上記のような技法を用いる際に、自分の気づきを言語化しづらいクライエントに対しては、絵を描かせることがあります。例えば、ボディ・ワークにおける自分の身体の違和感や、ファンタジー・トリップで老賢者から授かったものを絵に描かせます。また、ホット・シートに空椅子を使わずに、自分を象徴する像を描いたり造形したりする方法も考えられます。これにより、クライエント自身はもちろん、援助者がクライエントの内面の理解を深めやすくなるのではないかと考えます。

　なお、ゲシュタルト療法は、個人療法だけではなく、グループ療法も盛んに行われています。

42　第4章　芸術療法の背景にある臨床心理学の諸理論

4.5　家族療法

（1）概要

　家族療法は、家族を1つの単位とみなして、家族（関係）全体を対象に介入を行います。つまり、心の問題や個人が示している症状は、その人個人だけの問題ではなく、家族全体が上手くいっていないサインと考えます。そして、介入を通して、問題を示している個人だけを変えるのではなく、家族全体の姿を変えることで解決を目指します。

　問題行動や症状を呈している人物のことを、個人療法では患者やクライエントと呼びますが、家族療法では、IP（Identified Patient）と呼び、「患者と見なされる人」ととらえます。

　なお、家族療法は一人の創始者による1つの理論があるということではありません。初めは精神分析理論の枠の中で考えられ、次いで社会心理学の考え方を取り入れながら、システム理論に基づく枠組みが提唱されていきました。そして、1950年代以降に、家族を集めて面接を行った専門家たちが得た知見が集められて発展した介入方法の総称を指して、家族療法といいます。

　家族療法では、家族とは、家族成員がお互いに影響を与えたり与えられたりしながら形成されているものと考えます。このため、IP個人の変容だけではなく、家族全体に対してアプローチする援助を行います。主要な理論として、次のものが挙げられます。

（2）代表的な理論モデル

1）コミュニケーション学派

　二重拘束説を提唱した文化人類学者のベイトソンや MRI（Mental Research Institute）を創設したジャクソンら、コミュニケーション理論の流れを汲む人たちによる考え方です。この学派では、あらゆる人間の行動をコミュニケーションととらえます。また、家族をコミュニケーションの相互作用のシステムとみなします。そして、問題は問題行動自体ではなく、それを持続させる相互作用のパターンであると考えます。

二重拘束とは、2 者関係の中でメッセージの送り手が、言語的メッセージと非言語的メッセージを矛盾した状態で発信すると、受け手が混乱し常に葛藤状態に置かれるというものです。

　サティアは家族全員が参加する面接で、家族のコミュニケーションの食い違いを明らかにし、援助者がお手本を示しながら、家族のコミュニケーションを改善する援助を行いました。

　MRI では 1967 年から 10 回で終結する「**短期集中療法（Brief Therapy）**」の研究を始めています。このアプローチでは、問題の焦点を絞り、その解決に集中します。そのために、洞察によって変化を起こすのではなく、変化を先に起こすことを目指します。

2）多世代学派

　ボーエンらの考え方で、個人の家族からの**分化**の度合いが低いと、親世代から譲り受けた問題を何度も繰り返すと考えます。分化度が低いことを**融合**といいます。

　分化とは情動と知性の両面で起きるもので、多世代学派の治療目的は、IP（＝分化度の低い人）の分化の度合いを高めることにあります。

　自己分化の度合いが低いと、次のような問題が起きると考えます。

① **三角関係**：父親と母親が協力し合う両親連合などの問題解決に必要な 2 者関係が、親による子どもの取り合いや母子密着などによってうまく作れない状態。
② **家族投射過程**：三角関係の結果、両親間の問題がうまく解決できないことで、その問題が次の子ども世代に伝播されること。
③ **多世代伝達過程**：三角関係に巻き込まれた子どもは、親世代よりも分化度が低くなる傾向にある。このため、低い分化度や問題の伝播が数世代にわたって続くこと。

　多世代学派では、家系図を用いて家族に上記の過程を理解させて、家族成員それぞれの自己分化度を高めさせます。このためには、援助者自身の自己分化度が高く、家族のお手本になれることが必要です。

44 第4章 芸術療法の背景にある臨床心理学の諸理論

なお、面接は家族全員ではなく、夫婦療法や親のみの面接を選択するケースが多いようです。

3) 構造的学派

ミニューチンらの考え方で、家族をシステムとみなして、家族はそのシステムが機能するように、夫婦、親子、きょうだいなどのサブシステムに分化して成り立っているという考え方です。

構造学派の考え方では、個人はそれぞれ複数のサブシステム（例：家族の中の親、子、きょうだいなど）に所属して、様々な役割を担っています（例：その女の人は、妻であり、母親であり、娘であり、姉・妹、孫である）。サブシステムはそれぞれ独自の機能を持っているため、その境界が明確でないと、家族システム全体がうまく機能しないと考えます。つまり、個人の問題は各サブシステムの関係の在り方、つまり家族成員の境界の明確さ、連携の仕方、勢力関係に関連した歪みから生じると考えます。

境界が拡散して家族の自律性が低く、成員があらゆる問題に巻き込まれる状態を**纏綿**（てんめん）**状態**といいます。反対にお互いに依存し合うことのないバラバラな状態を遊離状態といいます。健康的な家族はこの中間に位置します。

連携は、状況に応じて柔軟であることが望まれます。硬直した連携の例に、三角関係があります。

勢力関係は、誰かの力が強すぎても弱すぎても問題が起こります（例：親が子どもより圧倒的に弱いと、家庭内暴力が発生する）。

構造学派の援助は次のような技法を用いて進めていきます。

① **ジョイニング**：援助者が家族の文化に入っていくために、家族の言動の特徴を観察して模倣する。

② **葛藤誘導**：潜在した家族の葛藤やその回避方法を顕在化し、家族で新しい対応作りに取り組ませる。

③ **エナクトメント**：必要な家族間の対決や情緒的接触を促したり、家族の交流パターンを面接内で再現させたりして、好ましくないパターンの妨害や別のパターンの成立・強化を起こす。

４）戦略学派

戦略学派は、ミルトン・エリクソンやヘイリーなどの考え方です。援助者は家族に変化を起こす責任を持ち、変化したかどうかの結果がはっきりわかるような問題に焦点を絞ったアプローチを行います。例えば、「妻の態度が気に入らない」ではなく、「11 時過ぎに帰宅すると、妻は寝室から出てこず、一言も会話がないのです」まで焦点を絞ります。

家族がこれまで繰り返してきた解決方法は、むしろ問題を維持していると考え、家族の行動の連鎖を別のものに変えていきます。そのために、様々な技法を用いて、家族のごく小さな行動パターンにねらいを定めて介入していきます（これが、操作的すぎるという批判も一部にあります）。用いる技法は次のようなものです。

① **治療的パラドックス（二重拘束）**：IP にもっと症状を出すように指示する「症状の処方」や、変化を禁止したり、再発を予告をしたりする「抑制操作」を行う。
② **リフレーミング**：家族の持つ観念的・情緒的文脈を、治療に有効なものに言い換えてフィードバックする。
③ **課題の指示**：家族全体で課題に取り組ませる（例：面接内の取り組みや家庭に持ち帰っての宿題）。
④ **メタファーの活用**：ある事柄が他の何かに似ていることに言及する。エリクソンは、クライエントの興味を引く**逸話**を技法に取り入れた。

５）ミラノ学派

パラゾーリらミラノ学派は、最もシステム論に忠実であるとされ、システミック家族療法ともいわれます。個人の問題は、行動パターンや信念体系に柔軟性が欠けているために、家族ライフサイクルの移行や生態システムからの要請に応えられないことであると考えます。そこで、円環的質問、逆説処方、肯定的な意味づけなどを行って、家族の信念体系に挑戦して、問題維持的相互作用を絶とうとします。

46 第4章 芸術療法の背景にある臨床心理学の諸理論

6）1980年代以降の家族療法

1980年代には、家族システム論の考え方は、「個人は原因でないが、家族が原因である」という直線的因果律になっているという批判から、様々な理論や技法との統合が進められました（第二次家族療法）。

そして、1990年代には、他の心理療法の原理も用いながら、さらに統合が進みました。例えば、次のアプローチが挙げられています。

① **ソリューション・フォーカスド・アプローチ（解決志向療法）**：ド シェーザーらが提唱しました。「**例外**」を重視して、例えばルールや問題に対する**例外**（例：「1回でもうまくいったことはないですか？」）を質問していきます。また、**解決後の質問**で、「もし問題が解決したらどうなるでしょう？」という問題解決のイメージをさせます。

② **心理教育**：問題とそれに対する支援についての情報をIPや家族に教示して、問題の理解と対処法の習得を目指す方法です。

③ **ナラティブ・セラピー**：「現実は見つけられるのではなく、作り上げられる」という社会構成主義にもとづいて、IPが持つ問題を作り上げる物語を明らかにし、問題のない物語を編み出します（3.2節参照）。

（3）主な技法

家族療法の中で共通して行われる技法として、次のものが挙げられます。

1）関係づくりのための技法

ジョイニング：思いやりと共感的理解をもって、家族のコミュニケーションについていったり（伴走）、合わせたり（調節）、模倣したりします。

多方面への肩入れ：家族成員一人ひとりに順番に共感的理解を示します。家族から等距離にある関係を作ります。

2）アセスメントのための技法

ジェノグラム：3世代ほどさかのぼった家系図を作ります。

家族イメージ法：家族に見立てた人形を置いたり、シールを用紙に貼ったりして、家族関係を図示させます。

ケース1:家族療法の技法の実践例

　図 4.8 は筆者の実践例です。子どもの不登校を主訴に来談した保護者(両親)に、夫婦面接を行いました。初めは、図の左のように父親ばかり話していて、母親は黙っているか、何か言おうとしても父親に遮られていました。

　そこで、十分にこの夫婦のパターンに合わせるジョイニングを行った後、面接の途中で援助者(筆者)が、父親が1つのことを話したら、父親の話を止めて、それについて母親の意見を聞くという手続きを行うようにしました。

　これは、夫婦のコミュニケーション・パターンへの介入であり、母親と父親の双方の話を聴くことを、援助者が身をもって示した多方面の肩入れの実践です。

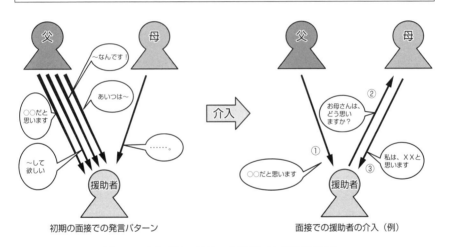

図 4.8　家族療法の技法の使用例(夫婦面接から)

3)介入のための技法

　リフレーミング:行動、出来事、関係性などの事実は変えずに、文脈や意味づけを肯定的に言い直してフィードバックします。

　逆説処方:IP の問題行動をあえて禁止せずに、もっと行う(維持または強化)ように指示します。

　問題の外在化:問題は IP や家族の中ではなく、外にあると位置づけます。(例:怒りっぽい人 → イライラ虫がついている)

（4）家族療法と芸術療法

　家族療法では、家族内のコミュニケーション・パターンの顕在化をしたり、家系図の明示をしたり、行動の変化を起こすために、面接時間内の課題や家庭での宿題を提示して家族に取り組ませたりします。そのための技法の一種として、芸術的アプローチを用いることがあります。

　例えば、家族画法、夢の描画、工作、彫像法や家族振り付け法のような身体表現などです。

第5章 芸術療法実技①
―描画法―

5.1 描画法とは

　芸術表現のうち、絵を描く手法を用いるものを描画法といい、**課題画法**と**自由画法**があります。前者は、描く課題を与えます。与える課題は様々なので、状況に応じて選択すると良いでしょう。例えば、**樹木画法**や**風景構成法**などがあります。後者は、例えば、「思い浮かんだことを自由に描いてみてください」とか、「今、心に浮かんだことを自由に描いてください」という教示で始めます。

　描画法は、絵という表面に現れたものを通して、無意識が透けて見えてくる技法です。そして、見えたものを通して、言葉にしなくても感情および思考レベルでの交流や共有を行うことを目指します。描画法には、次のようなものがあります（伊藤, 2004 を参考）。

（1）色を塗る方法

　絵を描くという課題には、上手に描けないという不安が湧いてくるクライエントが少なくありません。そこで、何かを描くのではなく、とりあえず色を塗ってみようという課題を提示することがあります。例えば、**塗り絵**が考えられます。既存の塗り絵の他に、1枚の画用紙を鉛筆かサインペンで好きなように線で分割して、そこにクレヨンで好きな色を塗ってもらう**色彩分割法**があります。この方法には、クライエントだけが取り組む場合と、援助者と交代で彩色する場合があります。

　色を塗るだけではなく形を描く方法として、**色彩選択法**があります。これは、クライエントが好きな色を選んで、その色で好きな物を描いてもらう方法です。

（2）課題画法の例
1）樹木画法（バウム・テスト）
　画用紙に木を描かせる方法で、もとは診断用の心理検査として考案されましたが、治療的にも用います。オリジナルの方法は、4Bの黒鉛筆で実のなる木を描かせますが、彩色する方法もあります。

2）人物画法
　自己像を描いてもらう方法で、もとは心理検査として開発されました。

3）HTP法
　家（House）と木（Tree）と人（Person）を描いてもらう方法です。家はクライエントが知覚する家庭環境、木は比較的深い、より無意識的な自己像や自己についての感情、人は意識に近い部分での自己像や環境との関わりを象徴しています。オリジナルの方法では、家、木、人（男性と女性一人ずつ）を1枚ずつ紙を用意して描いてもらいます。また、1枚の紙（A4）に全てをまとめて描く統合HTP法（S-HTP法）もあります。

4）風景構成法
　援助者が枠をつけた1枚の画用紙に、援助者が言う順番でクライエントに風景を描いてもらい、絵を完成させる方法です。

5）動的家族画法
　「（あなたも含めて）家族が何かしているところを描いてください」と教示します。家族の関係が絵に投影されて、家族内の問題がよく見えるとされています。

（3）なぐり描き法
　なぐり描きした描線に何か見えてこないかと尋ねて、見えたものを完成させる方法です。クライエントが単独で行うスクリブル法と、援助者と交代で

取り組むスクイッグル法があります。

　他に、MSSM 法があります。この方法は、1 枚の画用紙を 4～8 コマに分割します。そのコマの中で、クライエントと援助者との間で、一方がなぐり描きをして、他方がその中に何かを見つけてクレヨンで彩色します。これを交互に何回か繰り返して、その後出来上がった絵を題材に物語を作ります。

（4）枠づけ法

　枠づけ法は、多くの描画法の中で用いられています。画用紙をクライエントに渡す前に、あらかじめクライエントの目の前で、画用紙の周囲に枠取りをしてから、画用紙を渡すという方法です。

　枠づけ法は、クライエントを外界や内的な不安から守り、自由な描画を保障することを目的としています。

　ただし、一部のクライエントにとっては、表現の強制ととらえる場合もあることを注意しなければいけません。

　本書では、まず描画法としてよく用いられる樹木画法、そして、なぐり描き法と風景構成法を紹介します。

5.2　用いる画材

　一般的に画用紙に描きます。サイズは様々ですが、八つ切りや A4 判が用いられることが多いようです。クライエントの心的エネルギーが強かったり、大人数で行ったりする場合は、B4 判や模造紙を用いることもあります。

　筆記具は、修正できることを大事にするならば黒鉛筆、修正なしの技法ならば黒サインペンを用います。彩色や描線そのものに色をつけるためには、色鉛筆、クーピーペンシル、クレヨンなどを用います。クレヨンの方が大雑把に描くことになるので、「上手に描かなければ」という不安から逃れやすいかもしれません。

　また、描線よりも画用紙に色がつくことや指先で感じる体感を重視して、

スパッタリング（絵具を網とブラシでこすって、小さな粒子として絵具を紙に飛ばす手法）や、フィンガーペインティング（手や足に直接絵具をつけて紙に塗りつける）を行うこともあります。

5.3 樹木画法

（1）概要

木の絵を描くことで自分自身を表現する方法です。原法はスイスのコッホが心理検査として開発したものです（1949年発表）。

多くの場合、木は描いた人自身の姿を表したものです（**投影**といいます）。現実の自分のことは話せない（話さない）としても、描いた木のことならば話しやすいかもしれません。そして、木を語ることが、結果的に自分のことを語ることにつながります。

描かれた木が1本ならば、描いた人を投影しているのであろうと推測できますが、2本以上の木が描かれている場合には、描いた人の外面と内面であったり、描いた人と他者との関係を表していたりします。

次ページのケース2で、筆者がスクールカウンセラー（学校に配置された心理職）として、授業離脱を繰り返す中学生との面接に、樹木画法を使った事例を紹介します。

（2）実施方法

まず、画用紙に、「実のなる木を描いてみてください」と教示します。

クライエントが何か質問してきたら、「あなたが思うようにしてください」とか「ご自由にどうぞ」と答えます。

コッホによる原法では、A4の画用紙に4Bの黒鉛筆で木を描かせることになっていますが、芸術療法で用いる場合には、クレヨン、色鉛筆、クーピーなど、色を用いて描いてみるのも良いでしょう。

木の絵が完成したら、援助者は描かれた樹木を見て解釈をしたり、クライエントとシェアリングをしたりしていきます。

53

ケース 2 : 中学生に樹木画法を用いた事例

　男子中学生。集団で授業離脱をして、校内を徘徊していました。

　スクールカウンセラー（筆者）は離脱・徘徊している生徒の一人を見つけて、相談室に誘ったところ、「こんなところで話すことはない」とふてくされて相談室を出て行こうとしました。

　そこで、対面対話を止めて、「この紙に実のなる木を描いてみて」と言って画用紙 1 枚とクレヨンを手渡しました。

　すると、抵抗なくたくさんの色を使って絵を描き始めました。

　そして、描きあげた絵（サルカニ合戦の一場面）がどのようなものか尋ねると、木が学校、サルが教師、カニが自分などと説明をし始めました。

　この対応の後、継続的に面接を行うことを提案したところ、この生徒は放課後などに相談室に現れて話をしていくようになりました。

　次第に離脱・徘徊をしていた他の生徒たちも相談室を訪れるようになりました。

（3）樹木のそれぞれの部分が意味するもの

　樹木画法を心理検査として用いるのであれば、表 5.1〜5.4 のように木のそれぞれの要素が意味することを用いて解釈していきます(Koch, 1952 を参考)。

　しかし、芸術療法として用いるならば、これらの基準は考慮しつつも、絵が意味することを援助者が一方的に決めつけずに、クライエントの対話から明らかにしようという姿勢が大切です。

1）根や地面が意味するもの

　表 5.1 のように、根や地面は安定感や現実との接し方を表しています。

表5.1　根や地面が意味するもの

パーツ	意味するもの
根	心の安定感。本能や無意識
地面	現実世界の認識の仕方や適応能力
茂み	知的発達や精神的なものへの関心

2）幹が意味するもの

表 5.2 のように、幹は自我・超自我（4.2 節参照）のあり方や、自分と他者の接し方が表れています。

表5.2　幹が意味するもの

パーツ	意味するもの
幹	自我の能力。超自我。性格やこれまでの生き方
幹の表面（樹皮）	自分と他者、自我と環境の接し方
幹の輪郭	自分と他者、自我と環境の境界の引き方

3）枝やそれについているものが意味するもの

表 5.3 のように、枝は自分が持っているものや他者や環境への対応方法が表れています。樹冠の外周は、自我−他者関係や人間−事物関係を単純に象徴しているのではなく、過去、現在、未来とのそれぞれの関係を象徴しているとされています。また、枝につく葉、実、花は、目に見える外面や成果を表しているとされています。

表5.3　枝やそれについているものが意味するもの

パーツ	意味するもの
枝	性格のまとまり方。他者や環境への対象方法
樹冠	他者や環境との接し方
葉	装飾、外観、生気
実	利益、目標、結果
花	自己賛美。瞬間的なものにひかれる。外面にこだわる

また、葉や実が木から落ちている場合には、次のように解釈します。

落ちる葉、地面に落ちている葉：すぐに発散させる。自分を簡単に表現する。デリケート。忘れっぽい。感じやすい。ルーズ。散漫。贈り物をしたがる。

落ちる実、地面に落ちている実：喪失。何かを犠牲にする。放棄する。省

く。あきらめる。感じやすさ。苦しみや痛みに耐える。忘れっぽい。物事をまとめられない。デリケート。思考や感情を容易に発散する。緩慢。

4）風景と附属物

　直接は木と関係ないものを描いた場合は、次のように解釈します。

　風景の中に木が描いてある場合は、表 5.4 の通りです。一方、風景が主なテーマの場合は、外界に脅かされている感じ、現実との関係で自由がないなどと解釈されます。

　附属物とは、例えば、鳥の巣、えさ場、小鳥、はしご、おもちゃが挙げられます。

表5.4　風景や附属物が意味するもの

パーツ	意味するもの
風景	創造的。空想力。現実感の欠如
附属物	おどけた感じ。子どもっぽさ

5.4　なぐり描き法

（1）概要

　その名の通り、紙にペンや鉛筆などでなぐり描き（めちゃくちゃ描き、めちゃ描き、ぐるぐる描き）をしていくものです。

　なぐり描き法は心理療法でも比較的新しい方法です。広い意味では描画法の一種なので、芸術療法の中に含まれます。しかし、あくまでなぐり描きはなぐり描きであって、芸術を目指すわけではありません。むしろ、**遊戯療法**に近いと考えられるほどに遊びの要素が強いものです。それでいて、きわめて治療的な方法とされています。

　なぜ治療的かというと、めちゃくちゃに描くことで、心の中のわだかまりが発散されることがあるからです。意図しないでめちゃくちゃに描いたもの

の中に見えたものには、無意識の世界が映し出されていることがあります。これを**投影**といいます。このことで、無意識の意識化や**カタルシス**（心の浄化）を得ることを目指します。

（２）なぐり描きの種類

アメリカの**ナウムブルグ**が 1966 年に発表した**スクリブル法**と、イギリスの精神分析家の**ウィニコット**が 1971 年に発表した**スクイッグル法**があります。また、わが国で生まれた技法として、**限界吟味法を加味したスクイッグル**と**交互ぐるぐる描き・物語統合法**（**MSSM法**）があります（山中, 1998）。なぐり描き法は精神分析の影響を受けた技法と見なすことができます。

（３）**実施方法**

１）**スクリブル法**

ナウムブルグは、絵画療法を実施する際に生じやすい「クライエントの描画技術の問題」を最小限に抑えられて、かつ描かれる予想外の形やシンボルから無意識的なものが見いだされる方法として、なぐり描き法を思いつきました。具体的な実施方法は次の通りです。

- まずサインペンを手に持たせます。
- そして、「何も考えずに、画用紙になぐり描き（ぐるぐる描き、めちゃくちゃ描きと言っても良い）をしてください」と教示します。
- なぐり描きの描線ができたら、「この線から何が見えますか？」と質問をして、何か具体的に見えてきたもの（投影されたもの）に彩色してもらいます。

ナウムブルグはたいていの場合、クライエントに自宅に持ち帰らせて、彩色をしたりして完全な絵にしてもらい、次の面接に持ってくるという方法を採用しました。

わが国には、精神科医の中井久夫が 1970 年に導入しました。中井は、河合隼雄が箱庭療法において統合失調症の患者が、枠の中にさらに枠や柵を置く

ことが多いと紹介したことに触発されて、枠取りした画用紙をクライエント
に渡してなぐり描きをさせる「枠づけ法」を開発しました（5.1 節参照）。

２）スクイッグル法

　ウィニコットが、小児科医として子どもの治療を行った際に開発した技法
です。スクイッグルには「相互」という意味が含まれます。つまり、クライ
エントと援助者による相互なぐり描き法であり、実施方法は下記の通りです。

- ・　まず、援助者がクライエントの目の前で用紙になぐり描きを行います。
- ・　それをクライエントに渡して、「何に見えるか？」と尋ねます。
- ・　クライエントは見出した（投影した）ものに彩色します。
- ・　今度は立場を逆転して、クライエントがなぐり描きの描線を描いて援
    助者に渡します。援助者はそこから見出したものに彩色します。
- ・　この作業を何度も繰り返します。

　ウィニコットは 1 回に 10 往復繰り返すこともあったそうです。
　スクイッグル法は、クライエントと援助者が相手の描いた線に何かを投影
していく作業でもあります。

３）限界吟味法を加味したスクイッグル

　わが国にスクイッグル法を紹介した中井久夫は、なぐり描きの最中に援助
者が見えたもの（投影）をクライエントに伝え、クライエントも見えている
ものを取り上げて彩色していくという方法に修正しました。
　スクイッグル法の目的は対話を膨らませることにあるので、クライエント
が口をはさみたそうにしているならば、「今は援助者の番だから」などと杓子
定規に順番にこだわらなくても良いという発想によるものです。

４）交互ぐるぐる描き・物語統合法（MSSM 法）

　精神科医の山中康裕が開発した方法で、ウィニコットが複数の用紙で行っ
たなぐり描きを 1 枚の画用紙で行うものです。山中は MSSM 法の特徴として、
①なぐり描き作品が散逸しないように 1 枚の画用紙にコマを描くことにした
こと、②治療で「なぐる」という言葉は避けたかったので「ぐるぐる描き」

58　第5章　芸術療法実技①　―描画法―

という言葉を使うようにしたこと、③中井久夫の「枠づけ法」と「物語作成」
を必ず実施することにしたことを挙げています。実施手順は次の通りです。

　用具は、画用紙（八つ切り。なければA4判）、黒サインペン、彩色する筆
記具を用意します。

　画用紙に援助者がサインペンで枠取りをしたうえで、クライエントにコマ
取り（6～8コマになるように線を引く）をしてもらいます。

　じゃんけんでぐるぐる描きの順番を決めます。勝った方からぐるぐる描き
を始めます。そして、負けた方に「さあ、ここに何か見えてこないかな？」
と尋ね、見えたものに彩色をしてもらいます。

　これが完成したら、役割を交代して何度か繰り返します。

　空白のスペースが1コマだけになったら、クライエントに「ここに描かれ
たいくつかのものをみな登場させて、物語を作ってください」と言って、援
助者がサインペンを持ち、クライエントが語る物語を空白のコマに描き込み
ます（クライエントが自分で描きたいと言ったら、そうしてもらってかまい
ません）。

5.5　風景構成法

（1）概要

　風景構成法は、中井久夫が考案した日本生まれの芸術療法・心理査定法で
す。1枚の画用紙に、援助者が1つずつ唱える風景の部分を描き込みながら、
全体としてまとまった風景を完成させる方法です。

　中井は、箱庭療法を簡便に行う方法として、画用紙の中に風景を描かせる
方法を考案しました。

　大切なことは、風景を描き終わった後に、クライエントと援助者がその絵
について十分に話し合う時間を設けることです。例えば、援助者が「〇〇を
描いたということは、心の中に△△があることを象徴している」などと一方
的に解釈をするのではなく、クライエントと援助者が「この絵を見て何を感
じたか」など、「描いていた時の気持ちをふりかえる」ことを中心に行います。

風景構成法の特徴については、なぐり描き法との比較によって論じられることがあります。

　なぐり描き法は、自由に描いて良いので素描段階で自分の内面が絵に映し出されます（投影される）が、風景構成法は描くべき項目が指定されるので、素描段階では「想定外」のものは出てきにくいとされています。つまり、風景構成法はなぐり描き法より安全に実施できると考えられています。

（2）実施方法
1）用具
　A4の画用紙1枚、黒色サインペン、クレパスや色鉛筆など彩色できる筆記具。

2）実施時間
　制限時間はありません。施行時間は通常15〜25分と言われていますが、もう少し長くかかることが多いようです。時には数時間を要することもあるとされています。

3）実施手順
①　援助者が画用紙に黒サインペンで枠づけをします（枠づけ法）。必ず、クライエントの目の前で行います。
②　「今から私が言うものを、1つひとつ唱えるそばからこの枠の中に描き込んで、全体として1つの風景になるようにしてください」と教示をします。
③　サインペンを渡します。
④　描く順番が決まっています。次の要素を、援助者が順番に教示していきます。1つを書き終わってから次の要素を教示します。
　　　川 → 山 → 田 → 道 → 家 → 木 → 人 → 花 → 動物 → 石 → その他、足りないと思うもの
　　素描が終了したら、二人で少し眺める時間があると良いでしょう。
⑤　彩色させて完成させます。彩色の順序は自由です。また、一部および

全ての彩色拒否も認めます。

⑥ 援助者から質問（季節、時刻、天候、川の流れの方向、人と家、田などの関係、人は何をしているかなど）して、クライエントと援助者が連想（絵を見て何を感じるか）を行います。

⑦ 全て終了したら、クライエントに裏面に日付と名前を記してもらいます。署名は描き手のその時点の存在証明を意味し、完成した作品はその時点での描き手自身とも言えるからです。

4）実施上の留意点

風景構成法を実施する際に留意することとして、皆藤(1994)は次の4点を挙げています。

① 上手下手を見るのではないことを教示段階で告げます。そして、好きなように描いて良いことを保証します。

② 質問に対しては、「自由にどうぞ」とクライエントの自由裁量を支持します。当然、全部および一部項目の描画拒否も認めます。

③ 1つの項目が描き終わるのを待って、次の項目を告げます。項目の提示は紋切型ではなく、状況によって「○○があるといいですね」などと、援助者側の心の動きに沿って行っても大丈夫です。また、クライエントが子どもであれば、教示も含めて簡単な言い方（例：「次は○○だよ」）をすることが必要になります。

④ 完成後の質問は、作品をクライエントと援助者で眺めながら行います。援助者の自由連想で質問をして良いですが、侵入的な質問はしないように気をつけます。

（3）完成後の質問

次の4つの質問を参考に、クライエントの描いた作品の理解を進めていきます。

1）その風景はいつ、どこを描いたものですか？

描かれた風景の時期と場所について、次のように質問します。

時期：「その風景は過去、現在、未来のどこを描いたものですか？」
場所：「現実にあった風景ですか？それとも空想の風景ですか？」

　皆藤(1994)は、人は現実の眼前の風景よりも心象風景に高い価値を置いているとしています。つまり、時とともに変化する眼前の風景よりも、変化のない心象風景を本当の風景と思っているということです。この心象風景は、子どもの頃に体験した故郷の風景と、一般的に良いと思われている風景の 2 種類に分けられます。

　このように、風景構成法では、ある人は自分が子どもの頃の故郷を描いたりします。また、将来この風景のような場所に住みたいという希望を想像して描いたり、父母の田舎を描いたりする人もいます。

２）風景の中にあなたはいますか？

　この質問は、絵の中のクライエントの位置を確認するためのものです。クライエントの位置が、風景全体や空間のどこにあるかということも、クライエントが置かれた現状を表します。例えば、次のように質問します。

　「人も描いてもらいましたが、その中にあなたはいますか？それともあなたは存在しない風景ですか？」

　「描いた家はあなたの家ですか？それともよその家ですか？」

３）道や橋がどこに続いていますか？

　道は空間内の各パーツのつながりを決めます。人は心の中にいろいろな要素を持っていますが、道がそれらをつなぎます。道や橋が必要な数だけあり、移動しやすい風景は、心の中のまとまりの良さを感じます。

　また、山は自分の内面と外の世界との境界線を表します。山の向こう側に通じる道がある人は、他者や周囲に関心を持っており、「外向的」とも考えられます。

　さらに、川は山よりは弱いものですが境界を表しています。そして、川の流れはクライエントの心的エネルギーの量や流れ方を象徴しているともとらえられます。

4）動物はその世界でどのような位置づけですか？

　描かれた動物がどういうものかを明らかにする質問です。例えば、次の観点で質問します。

　「ペットや農耕用など、人の仲間なのか」

　「野良で関わりがなく、自立しているのか」

　「怪獣や害獣のような敵なのか」

　「動物の姿をしているけれど、自分、家族、友人などの人なのか」

　この質問から、クライエントの人との絆や脅威を感じるものの存在などが明らかになります。

第6章 芸術療法実技②
―造形―

6.1 概要

　絵画を用いた芸術療法に、何もないところに描き出す**構成法**と、すでにあるものから何かを見出す**投影法**があるように、造形・立体という手法にも、何かを一から作り出す方法と、既存のものを組み合わせて何かを作り出す方法があります。前者は、粘土細工、彫刻、工作など、後者は箱庭やコラージュなどが考えられます。また、造形・立体には描画法と比べて、奥行きや立体感を表現できる特徴があります。

　造形・立体でも、素材や手法はあまり複雑でないものの方が、クライエントが取り組んでみようという意欲を持ちやすいとされています。例えば、陶芸はやりがいがあり興味深い方法ですが、例えば1回1時間のセッションの中では完成は難しいでしょうし、実施するにはそれなりの設備やスキルが必要です。このため、実現できる施設は限られてきます。そうなると、紙粘土などの方が使い勝手は良いと考えられます。

　こうした観点から、本書では、予算や設備のハードルが低く、クライエントと援助者双方が特別な技術を必要としない造形・立体の手法として、粘土、ストロータワー、箱庭療法、コラージュ療法を紹介します。

6.2 粘土

（1）芸術療法と粘土

　造形には、陶芸、彫刻、粘土などがありますが、粘土が取り扱いの容易さなどから最も普及しています。粘土は特有な触感、立体的なイメージ表出が可能な点から、絵画とは違う可能性を持っています。また、作品制作だけで

はなく、粘土をこねる、穴を開ける、叩きつけるなどの行為にも心理的な意味があります。

粘土は、幼稚園・保育園から小学校にかけて、造形素材として使われることが多いものなので、多くの人になじみがあり扱いやすい素材であると考えられます。特に、紙粘土は汚れや臭いを気にせずに実施できます。

（2）粘土の特徴

粘土には、作品として何かを作るだけではなく、その特有の感触を味わうことにも意味があります。例えば、こねまわしたり穴を開けたりするという触覚的な刺激を得られることが大きな特徴です。

次に、他の造形活動と比べて可塑性が高く、何回でも作業のやり直しができます。可塑性の高さには、ある程度乱暴に扱っても使用や修復が不能になるリスクが少ない利点があります。

このため、粘土に穴を開けたり叩きつけたりという、ある種の心理的効果が期待できる行為にも安心して取り組むことができます。特に、その柔らかく可塑性が高いことは、触っているだけでも楽しい気持ちになり、童心に返ったような気分につながります。

また、立体的なイメージの表出が可能であることも、描画法にはない特徴です。

さらに、粘土は何も形のない塊を一から形にしていく点で、より自分の意志を反映させて保持できるという自発性が刺激される効果があります。

（3）粘土で遊ぶことの意味

粘土で遊ぶことによって、自由な構成と創造の喜びをクライエントに与え、クライエントの自信や自発性を高めます。

粘土は、遊戯療法では遊具として、芸術療法の中では表現手段として用いられます。例えば、「作ったものを投げつける」「ままごとの材料にする」「制作物を並べる」という使い方が考えられます。

（4）粘土の利用例

　粘土を用いるアプローチは、子どもだけではなく大人にも効果が期待できます。一例として、家族療法の中で行う「家族粘土法」が考えられます。

　家族粘土法は、面接室の中で家族がともに粘土の触感を共有しつつ、造形活動を楽しむものです。不登校や家庭内暴力の事例に用いた際には、子ども本人だけではなく保護者やきょうだいも一緒に粘土を用いることで、遊戯療法の原理を利用して家族成員全てのストレスや心の傷を癒すことになったと考えられています。

　実際に体験した保護者たちの感想として、「何となく楽しい」とか、「若返ったような気分」などが挙がっています。これは、粘土に家族で一緒に取り組むという体験が、家族の「接着剤」になったり、「無用のものであった土の塊」から何かしらの「形」が生まれたりする、という象徴的な体験を意味すると考えられます。

　他に、橋本ら(2014)では、第2筆者がスクールカウンセラーとして中学生との面接を行った際に、クライエントが粘土をこねることによって緊張緩和につながった事例や、第3筆者が児童養護施設での遊戯療法を行った時に、クライエントが紙粘土に複数の色の絵具を混ぜ込んでこねたり、ビーズやスパンコールを埋め込んだりすることによって、各々の内面を安全かつ自然に表現した事例が報告されています。

6.3　ストロータワー

（1）理論

　ペックマンによって考案されたグループワークの一種で、家族療法の技法の1つとして紹介されています。参加者はグループで、ストローとマスキングテープを使ってストローのタワーを作ります。積み木やパズルのような他の材料を使って行うこともできます。

　この技法によって、協力が必要な状況でグループ（家族など）がどのようにふるまうかを直接観察することができます。こうした取り組みを行うと、メンバーは普段担っている役割を引き受けるからです（例：リーダー、フォ

ロワー、独断、同盟、孤立など）。つまり、タワーの出来栄えではなく、グループがどう作業したかを観察することを重視します (Sherman、R. & Fredman、N., 1990; 坂田, 1999)。ペックマン(1984)は、家族 4 人で行う実践例を紹介しています。

（2）実施方法

　ストローとマスキングテープを準備します（例：ストロー100 本とマスキングテープ 1 巻き）。

　グループに、10〜15 分以内に「独創的なデザインで、美しく、自力で立つことができて、耐久力があり、持ち運ぶことができる」ストローのタワーを協力して作るように指示します。

　そして、最初の 5 分は無言で行うように指示します。

　8〜15 分観察した後で、援助者はグループに介入してコーチしたり、あるサブシステム（グループ内の役割、立場。例：親、子、年上グループ、リーダー、フォロワーなど）と同盟したり、メンバーに質問したり説明したり評価を伝えたりすることで、メンバーの気づきを促したりすることもできます。

　実習が終わったら、グループと援助者でシェアリングをします。メンバーそれぞれが、自分の立場の検討や他のメンバーについての理解の共有のために、行った作業について話し合います。

　シェアリングの後で、前よりも満足できる方法で、もう一度作業を行うこともあります。

（3）応用

　この技法には多くの変法があります。例えば、グループをいくつかのサブグループに分けて、それぞれでタワーを作ったり、普段とは違うメンバーの結びつきを作ったりすることもできます。あるいは、援助者がグループのリーダーを指名して（例：一番の年少者）、その人を中心に作業を行わせる取り組みもできます。

　このような方法で、グループや家族の役割や関係性に変化を与えることを目指します。

6.4 箱庭療法

（1）概要

箱庭療法は、スイスの心理臨床家**カルフ**が、**ユング**が提唱した分析心理学を基盤にして、イギリスの**ローエンフェルト**の世界技法を発展させた技法です。わが国には 1965 年に**河合隼雄**が紹介しました。わが国にはもともと、箱庭遊び、盆石、洲濱という遊びがあったため、日本人の感性に合うと河合は直観的に考えたようです。また、カルフはたびたびわが国を訪れて、そこで得たものを箱庭療法の展開に活かしたといわれています。

箱庭療法は、既存の箱、砂、フィギュア、ミニチュアなどから空間を構成するもので、広い意味での表現活動と考えられます。

箱庭を作ることでクライエントの自己治癒力が目覚め、箱庭の中に無意識の世界が投影されると考えられます。具体的な特徴として、次の 8 点が挙げられています。

① **非言語性**：言葉を用いずに表現ができる。
② **簡便性**：砂にフィギュアやミニチュアを置くだけなので、手先の器用さなどを気にせずに取り組める。
③ **触覚性**：砂、フィギュア、ミニチュアの手触りがクライエントにもたらす効果がある。
④ **視覚性**：クライエントが表現したいものが目に見える。
⑤ **実験可能性**：出来上がりを気に入るまで、何度でも砂をならしたりフィギュアやミニチュアを動かしたりできる。
⑥ **援助者の参加可能性**：求められれば、援助者も途中から制作に参加できる。
⑦ **ドラマ性**：1 回の作成にも、複数回の作成にも、物語が展開されることがある。
⑧ **一定の収まりがつくこと**：クライエントの表現や活動が、用意された砂と箱とフィギュアおよびミニチュアの中で収められる。

（2）材料

箱庭療法は、箱の規格が決まっていますし、必要なフィギュアやミニチュアを揃えるには、それなりの費用は掛かります。しかし、クライエントの発達段階を問わずに実施できる点などから、比較的多くの施設で導入されており、取り組みやすい方法といえるのではないかと考えられます。

準備するものは次の通りです。

① 57cm×72cm×7cm の箱に、6、7分目まで砂を入れます。
② 箱の中は青く塗ってあり、砂は大地を青地は水を表現します。
③ フィギュアやミニチュアを用います（例：人物、動物、植物、建物、乗り物、橋、棚、石、擬人人形、怪獣、宗教的なもの、ビー玉、タイルなど）。

（3）設定

フィギュアやミニチュアを、相談室やプレイルームの壁面の棚に並べておきます。そして、その棚は、いつでも使えるように開放しておきます。

箱庭と棚は、クライエントの目に入る位置にさりげなく置いておきます。

（4）導入

特別な説明がなくても、クライエントが室内の箱庭、フィギュア、ミニチュアに自発的に関心を示して、作り始めることが多いようです。また、この援助者ならば自分の内面を見せても良いと思った場合に行われるようです。

（5）過程

援助者はクライエントと一緒に箱庭づくりの過程を味わいます。援助者は、求められなければ口や手を出さずに鑑賞するようにします。

また、砂の中で、フィギュアやミニチュアで遊びだしたり、砂遊びが始まったりして、作品にならないこともあります。それらの行為にも意味はありますから、制止しないようにします。さらに、何回も箱庭を作っていると、一定の流れができて、物語が展開されることがあります。

6.5 コラージュ療法

（1）コラージュの歴史と概要

コラージュは「膠（にかわ）による貼りつけ」という意味のフランス語で、画面に紙、印刷物、写真などの切り抜きや様々な物体を貼りつけて構成していきます。この手法は、ピカソ(1881-1973)やブラック(1882-1963)という「キュビズム（立体主義）」の画家が、キャンバスに紙や壁紙などを貼りつけることによって、絵画の中に現実感を作り出す、一種の「だまし絵」の技法として導入したものです。

コラージュはさらに、20世紀初頭に興った芸術運動の1つである「ダダイスム」の影響も受けています。ダダイスムとは、客観的世界の秩序を否定して、夢の実現、すなわち無意識の世界を開放しようとする運動です。例えば、デュシャン(1887-1968)は、既製品に何らかの手を加えることで、既製品がそもそもの意味を喪失したり、全く別の意味を持ったりすることになると考えました。また、既製品の組み合わせが、見る者の無意識や欲望を照らし出すともしました。

ダダイスムはやがて「シュールレアリスム（超現実主義）」運動へと発展しました。シュールレアリスムは、一切の先入観を排して、意識の内部や意識下に存在し、日常生活の上面には現れない潜在的な欲望や夢、幻想、または意識や理性によって隠蔽されている人間の不合理な実体を暴き出そうとしました。これらはフロイトの精神分析の影響を受けています。

ダダイスムからシュールレアリスムへと続く一連の芸術運動の中で、新聞や雑誌から写真を切り抜き、それらをかつて持っていた文脈から切り離して再構成する「フォトモンタージュ」という技法が生み出されました。製作者の無意識を表現しようとした技法であり、精神分析の影響も受けています。

以上のような歴史的な経緯を経て、コラージュは現代美術の様々な美的思想や様式の中で用いられており、特に現代のポップ・アートの中ではごくポピュラーな技法となっています。

（2）心理療法への応用

　コラージュの心理療法への応用の最初は、1970年代のアメリカの作業療法とされています。この時には、精神疾患がある患者への集団絵画療法の中で扱われています。それが後に個人療法にも適用されるようになりました。

　わが国では、森谷寛之が「簡便な（持ち運べる）箱庭」というコンセプトで臨床に応用して、1987年に最初の事例発表を行いました。この後、それ以前に行われていた山中康裕の実践や、杉浦京子らの事例も検討されて、芸術療法の1つとして認知されて発展していきました（森谷ら, 1993）。

（3）利点

　コラージュは、持ち運べる、準備が手軽という点で、箱庭よりも優れているといえます。また、切り抜きという既成のイメージをそのまま用いて自己表現ができるので、描画のような技術的な問題から解放されます。

　このため、急性期の精神病圏の患者以外には、ほぼ誰にでも用いることができるとされています。

（4）実施方法

　用具は、切り抜きの材料となる雑誌や新聞、台紙用のケント紙や画用紙、糊、筆記具、はさみ（切り抜きをクライエントが作る場合）です。

　次の3点に注意しながら実施します。

　① 糊は、手や紙面を汚さないようにスティックタイプが望ましい。
　② 大量の切りくずが出るので、ゴミ箱やビニール袋を用意しておくと良い。
　③ はさみやカッターの取り扱いには注意する。

　切り抜きの準備の仕方として、切り抜きをあらかじめ用意しておく「**コラージュ・ボックス法**」と、その場で新聞や雑誌から切り抜きを作る「**マガジン・ピクチャー法**」があります。

　用意された切り抜きを使うのか、クライエントが自分で切り抜きを作るのかという違いはありますが、おおむね次のような手順で実施します。

1）導入時

「コラージュを作ってみますか？」と意思確認を必ず行います。

クライエントがやる意思を示したら、雑誌やあらかじめ用意された切り抜きを見せて、「この中から、あなたが心引かれたもの、何か心にひっかかったものを選んでください」と教示します。子どもの場合は、「何でも好きなものを貼ってごらん」と簡単に言います。

続いて、「そして、思うように並べられたら、糊づけをしてください」と教示します。

2）制作時

制作時は、見守っていても、援助者も一緒に作っても良いでしょう。

時間は30分から1時間程度と考えます。あらかじめ終了時間を伝えておき、時間ギリギリにさせずに余裕を持って終われるように配慮します。

3）終了後

制作が終わったら、一緒に作品を鑑賞します。そして、作品について簡単な説明をしてもらっても良いし、「タイトルをつけるなら？」と質問しても良いでしょう。その際に、無理に聞き出そうとしないようにします。また、援助者が解釈を話したりもしないようにします。

筆記用具を用意しておき、作品完成後に裏に氏名や年月日を書きます。作品に文字や絵を描き加えさせる援助者もいます。

（5）作品理解の留意点

クライエントのコラージュを理解する際には、次のことに注目すると良いとされています。

- ・ 1枚の作品から全てを判断はしないこと。
- ・ 一部の切り抜きにばかり注目せずに、全体から受ける印象を大事にすること。
- ・ 複数の作品で、よく使われる切り抜きなどに注目すること。
- ・ 切り方や貼り方が年齢相応のやり方かどうかに注目すること。

6.6 映像

　写真や動画を用いた心理療法もあります。一つひとつの映像が、クライエントが表現したいものを世界の中から切り取ったという作品であると考えます。映像は、単独で作品になる場合と、コラージュの素材として利用する場合などがあります。

　写真療法という手法は、わが国では山中康裕が、少年の患者が面接のたびに自分が撮った写真を持ってきたものを、心の様子の記録として扱ったことから始まったとされています。また、海外でも同時期に写真を用いた治療が発表されています（山中，1993）。永田(2011)によると、写真撮影は、描画やコラージュを避けがちな高齢男性にも受け入れやすい技法であるとされています。

　映像には動画もあります。かつてのフィルムカメラの時代はもちろん、デジタルビデオカメラになってからも、録画機材は高価で扱いが難しいものでした。しかし、現在は日常的に持ち歩いているスマートフォンやタブレットの動画機能でもかなりハイレベルな動画を撮ることができます。このことは、写真にもいえることです。

　映像は、芸術療法の作品を記録するために用いることもあります。特に、壊れやすい造形や身体のポーズのような維持が難しい表現を残しておくことに写真が役立ちます。そして、心理劇や音楽療法の様子を動画で残しておくこともできます。

　写真や動画を残しておくことには、援助者の記録目的の他に、クライエントが写真のプリントや写真および動画の電子データを持ち歩いて、お守り代わりにするという目的に使うこともできます。

第7章 芸術療法実技③
―身体表現―

7.1 概要

　芸術療法の中には、自分や他の参加者の身体を用いて表現を行う技法があります。例えば、言葉では上手く表現できない、しかし描画や造形は手先の器用さから自信がなくてためらうという時に有効な方法です。

　身体表現には、身体を動かして表現する動的な方法と、ポーズを維持する静的な方法があります。例えば、前者はダンスや心理劇などです。そして、後者は彫像化技法などです。さらに、演奏や歌唱を行う音楽療法は、身体表現に含めても良いのではないかと考えます。

7.2 ダンス

　ダンス療法とは、ダンスや**ムーブメント**（自分の内面から生じる自然なリズムに身体を委ねること）によって、心身の不調の改善、身体的、精神的、社会的健康を維持、増進、回復することを指します。

　ムーブメントはゲシュタルト療法などで注目され、アドラー心理学を実践する野田俊作は、固定したポーズではなく、ダンスで身体を動かすことで瞑想することができるとしています（野田, 2016）。

　ダンスは、かつて喜怒哀楽の表現、戦いの前、豊作祈願など、様々な場面で踊られてきました。1940年代頃にアメリカでモダン・ダンサーが精神障害者の治療に役立てようとしたことから、近代的なダンス療法が始まったとされています。わが国には1960年代に紹介されました。

　ダンス療法で目指すことは、町田(1998)は次の6点であるとしています。

　①心と身体のつながりに気づき、身体を動かすことで心身の問題に気づき、

身体や心の問題の改善に役立てる。②生体が持つ自然治癒力を高める。③自分の内面に気づく。④他者とのコミュニケーションに用いる。⑤ダンスを通して自己実現を目指す。⑥カタルシス（抑圧されている外傷体験や感情の表現）を得る。⑦非日常的な体験から、普段抑えている感情を表出させる。

　ダンス療法に用いる技法には、モダンダンス、舞踏、社交ダンス、盆踊り、太極拳、エアロビクス、バレエ、仕舞などが挙げられます。どれを用いる場合にも、上手にできることではなく、クライエントの問題の解決にどれだけ役に立つかということを重視します。そして、練習などをせずに、クライエントの状態に合わせて、セッション内で即興的に行うことが大切です。

7.3　演劇

（1）概要

　言語による説明だけでなく、身体のアクションも含めた即興劇を用いて参加メンバーへの心理的援助を行う方法があります。その際には、複数の役割を担う役者や観客の存在が必要になります。例えば、厳密に役割が決められている心理劇や、クライエントの問題を象徴する一場面をスキット（寸劇）で表現させる場合があります。

　高良(2011)によると、心理劇は、主役個人に焦点を当てる「サイコドラマ」、集団の課題に焦点を当てる「ソシオドラマ」、教育・訓練のための「ロール・プレイング」を包括した呼称です。

（2）目的

　演劇を利用することで、次のような効果が期待できます。

　まず、クライエントの問題を、援助者や参加者が理解し共感できたり、クライエントが安全な場で自分の問題を再現して味わうことで、自分自身に起こる思考や感情をより深く理解したりすることができます。

　そして、話しにくい問題は、既存の物語やたとえ話を用いて表現させます。すると、事実をすべて話さなくても、表現し伝えることができます。

さらに、現実とは正反対の体験をさせる（例：真面目な人に遊び人の役をやらせる）ことで、自分が持つ別の可能性や代替案、自分のシャドウや第二の人格（4.1節参照）に気づくきっかけになります。

（3）主な技法

主な技法に、モレノ(1889-1974)が提唱した心理劇があります。これは、演劇の形式を用いた集団精神療法です。筋書きは決まっておらず、参加者がある役割を演じながら、即興的・自発的に劇を進めていきます。役割を演じることで、アセスメントや治療の効果があるとされています。

心理劇に必要な要素は、監督、演者、補助自我、観客、舞台の5つです。監督は心理劇全体の責任者として、演出家やセラピストの役割をします。演者は役割演技（ロールプレイ）をすることで、情緒や行動を変容するきっかけを得ることができます。補助自我は、助監督や補助セラピストの役割をして、監督を助けます。観客は劇を観る人ですが、演者と一体になることでカタルシスを得たり、演者に共感的なフィードバックを与えたりします。舞台は、望ましい形式がありますが、それがそろわなくても、あらかじめ演台と観客席を決めておけば、その枠組みの中で行うことができます。

7.4 彫像化技法

（1）概要

家族療法の技法の1つで、家族のイメージやファンタジーを身体的な表現を用いて具体化させる方法です。心理劇の応用であり、例えば、家族関係を物理的に（遠い／近い、注目している／そっぽを向いているなど）象徴することができます。

言語表現が苦手なクライエントや、言葉で表現しようとすると上滑りになる時などに用いると効果的です。

（2）実施方法

　家族成員それぞれに交替で、他の成員を彫像に見立てて、その成員のある行為や感情を表す姿勢をとらせます。そして、彫像となった成員を自由な位置に配置し、自分自身も入ります。この位置関係に、家族の様子が投影されると考えます。

　援助者はその様子から成員それぞれが感じる家族像を理解します。そして、各成員に彫像を作ったり彫像になったりした時に起きた感情や心の動きを質問して、ディスカッションします。場合によっては、彫像の姿や位置関係をオリジナルのものから作り替えて、意図的に家族の様子を変化させることもあります。

（3）応用

　彫像化技法では決めたポーズのままですが、ダンスのように動きがある身体表現を行わせる「家族振付法」という技法があります。

　また、彫像化技法は、家族療法だけではなく集団療法の中で行うこともできます。その場合、クライエント自身と他の参加者の身体を用いて、ポーズでクライエントの問題や感情などを表現します。クライエントは、他の参加者に自分や関係する人の状態を象徴するある彫像（例：ロダンの「考える人」のように）になってもらいます。この場合、クライエントの主訴や集団療法に参加する人数にもよりますが、クライエントおよび彫像役として協力者数名が必要になります。

（4）事例

　筆者は、不登校の中学生とその家族との合同面接を行った際に、次のような方法を採りました（橋本, 2005）。

　不登校の中学生本人に、「（一緒に面接室にいる）お父さんとお母さんを粘土だと思って、自分の現在を象徴する姿の像と、この先こうなりたい自分を象徴する像の2体を作ってください」と教示しました。つまり、クライエント1名、協力者2名が参加しました。

家族合同面接でこの方法を用いた意図は、対面対話ではほとんど自分からは話さずに、援助者の質問のたびに母親の顔を見て、「どうしよう？」という表情や態度をしていたクライエントに、自分で表現してもらうための工夫でした。そして、母親および父親にクライエントの姿を象徴する格好になってもらい、文字通り「クライエントの身になって」もらう意図もありました。さらに、現状の把握だけではなく、「こうなりたい自分像」を作ることで、面接のゴール設定をクライエント自身が行い、それを家族で共有してもらうこともねらいました。

ケース3：不登校の中学生の家族面接

「これからお父さんとお母さんを粘土だと思って、自分を象徴する像を2体作ってください」

次に、「1体目は現在の自分を象徴する像を作ってください」

作り終えたら、「もう1体は、1体目の前方に、『こうなりたい自分』を象徴する像を作ってください」

2体を作り終えたら、「2体を少し離れたところから眺めてみてください」

その後、「まず今の自分の隣に行き、同じ格好をしてください。その時に自分の中に起こることを十分に味わってください」

そして、「なりたい自分の隣に行き、同じ格好をしてください。その時に自分の中に起こることを十分に味わってください」

終わったら、協力者である父親および母親から、クライエントに感じたことをフィードバックしてもらいました。

7.5 音楽

（1）概要

音楽療法は、対象、臨床場面、援助者の技術、立場などによって多彩であるため、その全貌を紹介することは難しいとされています（松井, 1998）。

その技法には、鑑賞する（聞く）方法と演奏する方法があります。

78　第7章　芸術療法実技③　—身体表現—

（2）鑑賞する場合

　鑑賞の場合は、対象の情緒、リズム、テンポと同質の音楽を選ぶことが重要です。異質なものは、クライエントの情動を揺さぶり、より内面的なものを引き出す効果がありますが、単に不快感を与えて終わってしまう危険があります。

　選曲は、既存曲から準備する場合と、オリジナル曲を用意する場合があります。曲を流すことは、CD、レコード、携帯音楽プレーヤーなどを用いる場合と、援助者あるいは他のメンバー（集団療法の場合）が演奏する場合があります。通常の音楽鑑賞では1回に複数の曲を流しますが、音楽療法では異質なものが入り混じるリスクを避けるため、1曲あるいは一連の音の組み合わせにとどめるとされています。

　鑑賞後に、感想を述べたり、楽曲にまつわる物語を創作したりします。

（3）演奏する場合

　既存の曲やオリジナル曲を、援助者の伴奏（例：キーボード、ギター、バイオリンなど）に合わせて歌ったり、クライエントが単独で演奏したり、援助者と合奏したりします。

　クライエントに何か得意な楽器があればそれを用いれば良いでしょう。なければ打楽器は、メロディを気にせずにリズムだけで良いので演奏しやすいようです。音楽を演奏することが、演劇、ダンス、描画など他の芸術表現と結びつくこともあります。

（4）事例

　筆者が見聞きした事例では、クライエントに自分の好きな歌を歌わせるものや、好きな歌の替え歌として自分を勇気づける歌詞を作って歌うというものがありました。

　集団療法で用いる場合、クライエント単独ではなく、他の参加者にもバックコーラスやユニゾンで歌ってもらうと、より強いパワーや他者との絆を感じられて良いでしょう。また、楽器を演奏できる人がいなくても、スマートフォンやタブレットで曲を流すという方法もあります。

第8章 芸術療法実技④
―文芸療法―

8.1 文芸療法とは

文芸療法は、文学的な表現方法を用いた心理療法で、広い意味での芸術療法に入ります。文芸療法は言語を用いるアプローチですが、日常生活では使わない言葉遣いや形式で表現するため、抑えられた感情や思考が表出する可能性が高まります。

文芸療法の形式には、物語や散文のように自由に文を書き連ねるものと、詩歌のように字数やリズムに約束事があるものがあります。

後者の詩歌については、アメリカでは自由詩を治療媒体とする詩歌療法が発達しました。一方、わが国では独自の展開を遂げ、多くは**俳句**や**短歌**が用いられています。

この章では、まず詩歌を用いた心理療法を、次に物語を用いた心理療法を紹介します。詩歌は、まず俳句を用いたもの、次いで詩を用いたものを紹介します。

8.2 俳句・連句療法

（1）俳句および連句とは

1）俳句

俳句とは、五・七・五という17音を定型とする短い詩であり、わが国の伝統的な文学の1つです。季節を表す言葉である**季語**や切字を読み込むことが一応のルールであることは、よく知られていることです。

17音で1つの作品として成立する形式は、明治時代中期に正岡子規らの俳諧革新運動以後のものです。江戸時代以前は、熟達者による五・七・五を始

まりに、いくつもの句を連ねて 1 つの作品として完成させる形式が採られていました。これを現在は**連句**といいます。

俳聖といわれる松尾芭蕉らの作品が、五・七・五の形（例：古池や　蛙飛び込む　水の音）で残っていますが、これは連句の始まりで**発句**と呼ばれるものです。この発句が特に優れたものである場合、連句の中で発句に注目して鑑賞する方法も採られるようになりました。

2）連句

連句とは、「俳諧の連歌」の別称です。**俳諧**とは「たわむれ」「滑稽」などという意味で、**連歌**とは 12 世紀頃に発生したと考えられる詩歌の形態です。連句は省略して俳諧とも呼ばれ、松尾芭蕉のように連句（俳諧）を実践・指導する人は「俳諧師」と呼ばれました。

連句を理解するためには、まず連歌のことを知っておくと良いでしょう。

連歌とは、五・七・五・七・七の 31 音を定型とする短い詩である和歌を、大人数あるいは単独で複数作成していく文学です。具体的には、和歌の上句（五・七・五）に相当する長句と、下句（七・七）に相当する短句を別々に作って合わせていきます。

複数の人間で行う場合は、次の手順を踏みます。

① 初めに熟達した人が、その句会のテーマに相応しい五・七・五の句（長句）を詠みます。これを発句といいます。
② 次の人が、発句に続く七・七（短句）を詠みます。これを脇といいます。
③ 完成した作品を皆で詠んで味わいます。
④ その次の人は、2 人が詠んだ歌に通じる句を五・七・五（長句）で詠みます。これを第三といいます。
⑤ それに、別の人が七・七の句（短句）を詠みます。
⑥ 以上の作業を繰り返していきます。
⑦ そして、最終句を挙句といいます（ことわざ「挙句の果て」の語源です）。

どれだけの歌を詠むかは、採られる形式によって違います。

もともとの連歌は万葉集の頃からあるもので、宮中伝統に則って決まり事や格式を重視するものでした。これに対して、連句（俳諧の連歌）は日常生活の様子などを生き生きと記すことができるような、より自由でカジュアルな形式のものであると考えられます。つまり、連句は、公家や武家の教養として用いられた連歌が、庶民の娯楽として活用されるようになっていったものです。そして、前述の通り、連句の発句に注目が向き、明治時代には発句だけ独立して、**俳句**という形式になりました。

3）連句（連歌）の完成形

連句の最も基本的な形式は、百句を一作品とするもので、百韻といいます。

室町時代頃には形式の拡大が図られ、百韻を十作品集めた千句、千句を十作品集めた万句という形式も現れました。

一方、室町時代中期から江戸時代にかけては、長ければ良いということではなく、より緊密な作品作りを目指して、形式の縮小・省略が行われるようになりました。この結果、世吉（よし、四十四句）、歌仙（三十六句）、半歌仙（十八句）という形式が生まれました。

ちなみに、連句療法では、後述のように、**半歌仙**で行われることが一般的とされています。

（2）俳句・連句療法の概要

俳句や連句を用いた心理療法を、**俳句・連句療法**といいます。これらは、施設でのレクレーションの一環であったり、個人あるいは集団での心理療法に適用されたりします。

俳句・連句療法が初めて世の中に示されたのは、1977年に飯森眞喜雄が日本芸術療法学会で発表したものです。その後、同学会にはコンスタントに実践例が発表されています。そして、これらの業績の集大成として、「俳句・連歌療法」（創元社、1990年）という書籍が出版されています。

俳句・連句療法を用いる場合、まず俳句か連句かでやり方が異なります。また、個人を対象とするか、集団を対象とするかでも異なります。本書では、

82　第8章　芸術療法実技④　―文芸療法―

俳句を用いた心理療法と連句を用いた心理療法を、それぞれ個別と集団での
やり方に分けて紹介していきます。

（3）俳句療法

　五・七・五という 17 音を定型とする短い詩である俳句を、個人あるいは集
団で作成することを心理療法に利用します。俳句を用いることには、次の 2
つの利点があります。

- ① 五・七・五の 17 音は、川柳や標語などの形を含めて、わが国で耳馴染
みのあるものであるため、扱いやすく取り組みやすい。
- ② 季語を入れるというルールが、単調になりがちなクライエントの生活に
季節感などのメリハリを与える。特に、長期の入院患者には良い刺激に
なる。

　具体的な技法は、例えば次の 3 つです。

1）個人俳句療法

　個人療法の中で俳句を行います。援助者が提案することも、クライエント
が持ち込むこともあります。

　俳句には本来挨拶の意味があります。治療で扱う場合もその意味を大切に
することが重要です。つまり、挨拶として差し出された句にどう反応すべき
かを考えるということです。例えば、読み上げたり、静かに黙読したりしま
す。クライエントが複数の句を持ってきたら、良かったと思うものに丸をつ
けることもあります。

　飯森眞喜雄は、治療的推敲、散文化、平板化という技法を提案しています。

　まず治療的推敲は、もとの俳句に即して、句の言葉遣いなどをより良くす
るための対話を行うことです。そして、クライエントと援助者の合意の下に
句を完成させます。星野(1998)は、ジェンドリンのフォーカシングを思わせ
る過程であると述べています。

　次に、散文化および平板化は、句が了解不能な表現の場合に用います。散

文化は、句を「〜ということを表現したいのですよね」と散文に翻訳することです。散文化の手がかりは季語であり、句が表現する季節に注目します。

一方、平板化は当たり前で適切な言い方に直すことです。

2）句会

句会とは、複数のクライエントが俳句を持ち寄って披露し合うものです。運営方法には様々なバリエーションが考えられますが、本書では星野(1998)の方法を紹介します。

会は自由参加を主体としたオープン・グループが良いとされています。ただし、参加人数が 10 名を越えると、会の進行に時間がかかってうまくまとめられなくなるため、参加人数は一桁の方が良さそうです。

なお、援助者は司会者になります。その他に補助スタッフが 1〜2 名いると、運営が楽になります。

① 兼題の提示

句会で作る句の季題やテーマを決めて、あらかじめ提示します。前回の句会の最後に発表したり、施設内に掲示をしておいたりします。

飯森眞喜雄は、次の 3 つのテーマを推奨しています。

❶ 指定した季語による句：「秋の暮れ」のように連想の範囲が広いものと、「病院の前庭の白菊」のように連想の範囲が狭く具体的なものを混ぜる

❷ 好きな季語によるその季節の句

❸ 全く自由な題材

② 投句

まず、参加者に自作の句を提出してもらいます。1 回の句会で出してもらう句数は、1 人 3 句ほどが適当であるとされています。それ以上多いと、会の進行に時間がかかってしまうことと、提出する句をクライエントが自分で絞ることにも治療効果があると考えるためです。

参加者がそろったら、各自3枚の短冊に1句ずつ自作の句を無記名で描き、箱や盆に投句します。句はあらかじめ作ってくることが原則ですが、その場

で考えたり訂正したりできるだけの時間的余裕を作っておきます。

③ 清記（せいき）

提出された短冊をかき混ぜて、参加者各人が自分の提出した句数だけの短冊（3句なら3枚）を取り出して、清記用紙に書き写します。これは、選句時に筆跡から作者が特定されることを避けるためです。仮に自分の句を引いても、かまわずに書き写させます。

なお、写し間違いはよくあるので注意させます。作者は思いのほか傷つくものです。

④ 選句

清記用紙を回して、気に入った句を全体から3句選ばせます。良いと思った句を各自のノートや別の用紙に書き写させておき、その中から選ばせるとスムーズでしょう。

なお、自分の句は選ばないことがエチケットであることを、やんわりと伝えておくと良いでしょう。

⑤ 披講（ひこう）

参加者一人ひとりが自分の選んだ句を詠みあげていき、司会者（援助者）がその句に得点をつけます。黒板（白板）に句を書き出しても良いでしょう。

一般の句会では選ばれた時点で作者が名乗りをあげますが、飯森眞喜雄は、集計が終わった時点で初めて作者が名乗りをあげる方法を採っています。

⑥ 座談

集計が終わり、作者が名乗り出た後、全員で句を話題に話し合います。それぞれの句について、選者が感想を述べ合うことから始めると良いとされています。司会者（援助者）は、話題が俳句に沿って進むように、俳句を離れて作者の個人的事情や内面に入り込み過ぎないようにコントロールします。

なお、得点が入らなかった参加者への配慮が重要です。例えば、最後にその参加者の句を取り上げて、その人らしい点を探して評価するという方法があります。

自分の句についてもう少し話したいという気持ちが出てきた参加者がいたら、個人俳句療法に誘うという方法もあります。

3）文集

精神科病院などの施設内で文集が発行されることがあります。その中には、たいてい俳句の投稿欄があります。この意図は、患者たちの施設内の生活に変化をもたらしたり、物事への興味を喚起したりすることです。

作品の集まりがよければ、俳句だけで句集を作ります。

（4）連句療法

連句を個人あるいは集団で作っていくことを心理療法に用います。詠む句の数は、多くの場合半歌仙（十八句）で行うとされています。

1）個人連句療法

連句を個人で行います。連句はもともと座に集まった人たちの人間関係の中で行われるものです。個人連句療法は、クライエントが集団の中で、句を即興で作ることの負担を減らす配慮です。

半歌仙（十八句）で行う場合の形式は次の通りです。

① 紙の使い方

紙の裏表を使います。

② オモテ　六句

紙の表に 6 句書き記します。約束事として、「発句には制限がない」「目立つものは避ける」「5 句目に月（発句が秋の場合は 3 句目に）」というものがあります。

③ ウラ　十二句

紙の裏に 12 句書き記します。約束事として、「7 句目に月を詠む」「11 句目に花（桜を花という表現で）詠む」というものがあります。

④ その他の約束事

「目立つものの反復は避ける」「同類のものは 3 句間をあける」「恋 2〜5

句続ける」「春、秋3〜5句続ける」「夏、冬1〜3句続ける」ということがあります。

作品が出来上がったら、援助者が清書するかワープロで打ちなおしてクライエントに渡します。

なお、形式は半歌仙の他に、歌仙（三十六句）、自由連歌（十八句程度）、二十韻（二十句）、十二調（十二句）などを用います。半歌仙と歌仙以外は、心理療法家が俳句・連句療法のために新たに考案した形式です。

個人連句療法は、面接内でクライエントが一人で取り組む以外に、宿題法と共作法の2つがあります。

宿題法は、句を自作できるクライエントの場合には、次の面接までに連句を作ってこさせます。家族に句作に参加してもらって、家族連句療法に発展する場合もあります。

共作法は、クライエントが句を自作できない場合は、援助者が手伝いながら作っていきます。

いずれの方法でも、一度に全ての句数をそろえようとはせずに、1回の面接で2〜3句ずつでも良いので、少しずつ作品を積み重ねていく姿勢が大切です。

2）集団連句療法

集団連句療法は、本来の連歌の方法に準じて、グループで連句を行う集団心理療法の一種です。浅野(2004)は次の方法を紹介しています。

① 自由参加にして、平均6名程度集めます。
② 月1回2〜3時間か、週1回で1時間を行います。
③ 句を用紙に書いて提出します。
④ 援助者が進行係になって、連句のルールを説明しながら、提出された句を黒板（白板）に書き写していきます。
⑤ 進行係は、句のイメージや連想の過程の説明を求めたり添削を行ったりします。
⑥ 句はワープロなどで清書して、参加者に渡します。
⑦ 1回の座で数句進行して、数ヶ月で半歌仙を完成させます。

8.3 詩歌療法

（1）概要

　詩を用いた心理療法には、既存の詩を選んで鑑賞する方法と面接の中で詩を作る方法があります。既存の詩から選ぶ場合には、クライエントに合った詩を選ぶ必要があります。具体的には、クライエントの気分と詩の内容およびリズムが合っていることが重要です。

　こうした詩を読んだり記憶したりすることで、クライエントは自分と同じように辛い気持ちの人がいるということを実感できます。そして、詩を引用することで、自分の内面を他者にスムーズに伝えることができます。その結果、他者に内面を共有してもらえるようになります。

　また、詩を読んだり書いたりすることは、クライエントに自分の感情を表出することを促す効果があります。そして、詩は散文（エッセイ）と違い、自分の内面を圧縮・要約する効果や、事実に直接触れず暗喩的に表現できるという特徴があります。感情の表出はカタルシスをもたらすと考えられます。暗喩（メタファー）の利用は、出来事を明確に話すことで起きる二次被害を避けながら、クライエントの心の内で起きていることを安全に表出して、他者の理解・共有につながると考えられます。

　なお、詩歌療法は、個人でも集団でも実施できます。

（2）歴史

　小山田(2012)は、アメリカにおける詩歌療法の展開を次のように説明しています。

　詩を用いた心理療法の始まりは、1928年にアメリカの法律家・薬剤師のグライファーが精神的に悩んでいる人に詩を処方したこととされています。その後、グライファーが精神科医のリーディと出会い、共同で病院の集団療法に詩を用いています。1969年にリーディが編者になり詩歌療法の書籍を出版しています。

　そして、1981年に『アメリカ精神医学ハンドブック』の第2版に、ヘニン

ガーが詩歌療法を紹介する1章を設けました。さらに、近年の研究成果はマッツアがまとめています。

（3）詩歌療法の効果

心理療法の中で詩を読んだり書いたりすることの効果は、まとめると次の4点が考えられます。

1）感情や思考の表出

現実的な言葉で説明することが苦手な人が、適度に要約された形で説明できたり、社会的に受け入れられにくい観念や感情を詩に包んで安全に表出できたりするという利点があります。

2）洞察や自己理解を促す

詩を通すことによって、自分の内面を観察しやすくなります。例えば、自分はどのような詩に共感するか違和感を覚えるかということから気づきが生まれます。また、詩という他者の表現に感情移入する経験は、他者への共感を促すきっかけになります。

3）他の選択肢や可能性に気づかせる

詩を通して、世の中には自分とは異なる考え方もあることを気づかせ、それを受け入れるように方向づけることができます。その際に、詩は「○○しなさい」などの直接的な表現より受け入れやすいかもしれません。

4）創造性を刺激する

詩によって、クライエントの心の内にバラバラにあったものがまとまる方向性や、新たな創造が生まれる可能性があります。

また、援助者の利点として、詩を用いることが、クライエントのアセスメントの材料になったり、クライエントのトラウマ（心的外傷）を安全に取り扱うことができるクッションになったりすることが挙げられます。

（4）詩歌療法の理論的背景

　小山田(2012)は、詩の心理学的意味を説明する理論として、フロイトの精神分析とユングの分析心理学を挙げています。

　フロイトによれば、詩は願望の充足のために行う空想の一種で、作品には現在のことと共に過去の思い出も含まれているとしています。そして、詩は自身の願望を他者に嫌悪感を与えずに表出する技術であるとしています。このため、その詩と同じ願望を持っている人には、共感やカタルシスをもたらすと考えます。

　一方、ユングは、作品よりも創造過程に関心を持ちました。詩作には2種類あり、自分の内面をより効果的に表現するために、詩の素材、言葉、文体、様式を注意深く選ぶ内向的態度によるものと、作者の意図と関係なく無意識からあふれ出るものがあります。ある詩がどちらの方法で作られたかを吟味することで、作者の性格や無意識の働き方をアセスメントできると考えました。

8.4　物語療法

（1）概要

　第3章で「ナラティブ（物語）をつむぐ」を説明したように、どのような形であれ、心理療法でクライエントが表現することそのものが、ある種の「物語」となっています。しかし、それでは長い時間がかかったり、うまくまとめられなかったりすることもあるので、端的にクライエントの状況や希望を理解するために、短い物語にまとめることを提案することがあります。具体的には、クライエント自身に物語を作らせる方法や、既存の物語を読むことで自分の状況を重ね合わせさせる**読書療法**という方法があります。

　例えば、サクセスストーリーを鑑賞することは、自分の成功のイメージ・トレーニングになります。「将来こうなりたい」というクライエントの自己像を投影することになるからです。つまり、物語を作らせることや語らせることは、クライエントのゴール設定や工夫のヒントになります。

（2）実施方法

富澤(1998)は、物語を芸術療法で用いる場合、他の芸術表現（絵画など）に物語を見出す方法と、一から物語を創作する方法があるとしています。

前者の例として、MSSM 法（5.4 節参照）が挙げられています。また、本書のケース 2（5.3 節参照）では、クライエントが樹木画法でサルカニ合戦の一場面を描き、その説明をしているうちに、そこにクライエントの学校生活が投影されて、クライエントの語りが広がっていきました。

後者の例として、富澤(1998)は次の 3 つの方法を挙げています。

① **語り法**：援助者が物語を語りクライエントが感想を述べるか、クライエントが物語を語り援助者が感想を述べる方法です。その際に、何も持たず物語を語る方法や、本を用意してそれを読む方法があります。

② **中断連想法**：援助者が物語を途中まで語り、続きをクライエントが創作する方法です。

③ **創作法**：援助者が物語の冒頭部分を提示して、クライエントが物語を創作する方法です。

いずれの方法でも、いきなり「お話を作りましょう」というと、心理テストをされているような印象を与えてしまうので注意が必要です。

（3）事例

筆者が経験したケースには、次のようなものがあります。

① 3.2 節で紹介した、不登校生徒の家族に「犬が困難を乗り越える話を作ってください」と提案したケース。

② ゲシュタルト療法のファンタジー・トリップで、「森を抜けると小屋があります。その小屋に入ると、上に昇る階段と下に降りる階段があります。さて、どちらに行きますか？」とイメージ誘導をして、続きはクライエントにイメージをさせて語らせたケース。

おわりに

　本書では、芸術療法の概要、背景にある臨床心理学の各理論、代表的な技法を、個人的な経験を含めつつまとめました。芸術療法の理論と技法および実践例については多くの専門書が出ているので、より深く学びたい方は、それらを参考にしてもらえると良いと思います（本書の文献リストにも掲載しています）。

　また、本書で紹介した技法は、単独で用いるだけではなく、様々な技法や表現方法と組み合わせてみても良いと思います。例えば、絵画を文芸療法の挿絵にしても良いでしょう。ダンスと音楽を組み合わせる方法もあるでしょう。粘土細工を箱庭のモチーフにしても良いでしょう。

　さらに、芸術療法は、専門家としての援助活動だけではなく、自己理解のために用いてみても面白いのではないかと考えます。

　最後に、芸術療法を行ううえでの注意点を3つ挙げます。

① 作品の上手下手で評価をするのではなく、作品および制作過程から何を伝えようとしているのかを大事にしてください。
② 言語によるやり取りと違い、意図せずに無意識が出やすくなります。表現されたものの取り扱いに注意が必要です。
③ フィードバックに注意してください。特に、集団で実施する場合には、他の参加者の何気ない一言に傷つくことがあります。こうした事態を防ぐことも、ファシリテーターとして参加する援助者の重要な役割です。

文 献

浅野欣也　2004　俳句・連句療法　氏原寛・亀口憲治・成田善弘・東山紘久・
　　山中康裕共編　心理臨床大事典（改訂版）培風館, pp.406-408

藤原勝紀　2011　イメージ療法　日本心理臨床学会編　心理臨床学事典　丸
　　善出版, pp.66-67.

Frued, S.　1932　Nune Folge der Vorlesungen zur Einfuhrung in die
　　Psychoanalyse. Internationaler Psychoanalytischer Verlag.（古沢平作訳　1969
　　改訂版フロイト選集3　続精神分析入門　日本教文社）

橋本和幸　2005　不登校になった中学校1年生女子生徒及び母親と校内の相
　　談室でスクールカウンセラーが行った合同面接　日本心理臨床学会第24
　　回大会発表論文集, 198.

橋本和幸　2013　芸術療法による治療　小林芳郎編著　生きる力を育てる臨
　　床心理学　保育出版社, pp.94-97.

橋本和幸・田中理恵・上野道子・倉橋朋子　2014　心理臨床における粘土造
　　形療法の実践例　総合文化研究 **3**, 49-55.

堀之内高久　1993　人になじめないという学生へのグループ療法－自己成長
　　ワークショップから－　横浜国立大学保健管理センター年報 **14**, 36-39.

星野惠則　1998　俳句療法の実際　徳田良仁・大森健一・飯森眞喜雄・中井
　　久夫・山中康裕監修　1998　芸術療法2　実践編　岩崎学術出版社,
　　pp.112-123.

伊集院清一　1998　精神分裂病とその表現病理　徳田良仁・大森健一・飯森
　　眞喜雄・中井久夫・山中康裕監修　芸術療法1　理論編　岩崎学術出版社,
　　pp.90-102.

乾吉佑監修　2015　生い立ちと業績から学ぶ精神分析入門－22人のフロイト
　　の後継者たち－　創元社

伊藤俊樹　2004　芸術療法　氏原寛・亀口憲治・成田善弘・東山紘久・山中
　　康裕共編　心理臨床大事典（改訂版）培風館, pp.391-396.

94 文献

Jung ,C. G. 1953 ANALYTICAL PSYCHOLOGY: ITS THEORY AND PRACTICE
（小川捷之訳　1976　分析心理学　みすず書房）

皆藤章　1994　風景構成法－その基礎と実践－　誠信書房

皆藤章　2011　風景構成法　日本心理臨床学会編　心理臨床学事典　丸善出
版, pp.114-115

川嵜克哲　2009　分析心理学　下山晴彦編　よくわかる臨床心理学（改訂新
版）ミネルヴァ書房, pp.150-153.

Koch,C. 1952 THE TREE TEST-The Tree-Drawing Test as an aid in
psychodiagnosis- Verlag Hans Huber, Bern（林勝造・国吉政一・一谷彊　1970
バウム・テスト－樹木画による人格診断法－　日本文化科学社

國分康孝　1980　カウンセリングの理論　誠信書房

倉戸ヨシヤ　2011　ゲシュタルト療法－その理論と心理療法例－　駿河台出
版社

黒川由紀子　2001　老年期：痴呆症　下山晴彦・丹野義彦　講座　臨床心理
学5　発達臨床心理学　東京大学出版会, pp.173-190.

町田章一　1998　ダンス療法の理論と展開　徳田良仁・大森健一・飯森眞喜
雄・中井久夫・山中康裕監修　1998　芸術療法2　実践編　岩崎学術出版
社, pp.140-146.

前田重治　1985　図説　臨床精神分析学　誠信書房

松井紀和　1998　音楽療法の実際－非精神病圏例－　徳田良仁・大森健一・
飯森眞喜雄・中井久夫・山中康裕監修　1998　芸術療法2　実践編　岩崎
学術出版社, pp.84-91.

水島恵一　1985　人間性心理学大系第3巻　イメージ・芸術療法　大日本図
書

森岡正芳　2011　ナラティブ　日本心理臨床学会編　心理臨床学事典　丸善
出版, pp.76-77.

森谷寛之・杉浦京子・入江茂・山中康裕編　1993　コラージュ療法入門　創
元社

永田映子　2011　写真が引き出す高齢者の生きる力と表現力　2011年度人工

知能学会全国大会（第25回）発表

野田俊作　2016　アドラー心理学を語る2　グループと瞑想　創元社

小山田隆明　2012　詩歌療法－詩・連詩・俳句・連句による心理療法－　新曜社

Peckman, L. 1984 The use of interactive group exercises in family therapy. Unpublished mabyscript.

Prinzhorn, H. 1922 BILDNEREI DER GEISTESKRANKEN Ein Beitrag zur Psychologie und Psychopathologie der Gestaltung Verlag von Julius Springer. Berlin　（林晶他訳　2014　精神病者の造形－造形表現の心理と病理－　ミネルヴァ書房）

Rogers,N. 1993 THE CREATIVE CONNECTION :Expressive Arts as Healing Science & Behavior Books, Inc.（小野京子・坂田裕子訳　2000　表現アートセラピー－創造性に開かれるプロセス－　誠信書房）

Rubin, E. J.　「Figure and ground.」　in Beardslee, D. C. & Wertheimer, M. (Eds.), readings in Perception. Van Nostrand

坂田三允　1999　ストロー・タワー　日本家族心理学会監修　家族心理学事典　金子書房, 178.

Sheikh, A. A. 2002 HANDBOOK OF THERAPEUTIC IMAGERY TECHNIQUES Baywood Publishing Company, Inc. New York（成瀬悟策監訳　2003　イメージ療法ハンドブック　誠信書房）

Sherman, R. & Fredman, N. 1986 Handbook of Structured Techniques in Marriagrand Family Therapy　Brunner/Mazel, New York（岡堂哲雄・国谷誠朗・平木典子訳　1990　家族療法技法ハンドブック　星和書店）

杉山明子　2015　さまざまなパラダイム　丹野義彦・石垣琢麿・毛利伊吹・佐々木淳・杉山明子　臨床心理学　有斐閣, pp.285-308.

高良聖　2011　心理劇　日本心理臨床学会編　心理臨床学事典　丸善出版, pp.62-63.

田中志帆　2009　精神分析　下山晴彦編　2009　よくわかる臨床心理学（改訂新版）ミネルヴァ書房, pp.146-149.

丹野義彦　2015　人間性心理学パラダイム／クライエント中心療法　丹野義彦・石垣琢麿・毛利伊吹・佐々木淳・杉山明子　臨床心理学　有斐閣, pp.189-334.

徳田良仁監修　1990　俳句・連句療法　創元社

徳田良仁　1998　精神医学と芸術療法　徳田良仁・大森健一・飯森眞喜雄・中井久夫・山中康裕監修　芸術療法 1　理論編　岩崎学術出版社, pp.11-27.

富澤治　1998　物語療法の理論と実際　徳田良仁・大森健一・飯森眞喜雄・中井久夫・山中康裕監修　1998　芸術療法 2 実践編　岩崎学術出版社, pp.132-139.

山上榮子・山根蕗　2008　対人援助のためのアートセラピー　誠信書房

山中康裕 1993　コラージュ療法の発展的利用　森谷寛之・杉浦京子・入江茂・山中康裕編　1993　コラージュ療法入門　創元社, pp. 123-136.

山中康裕　1998　個人心理療法（精神療法）と芸術療法　徳田良仁・大森健一・飯森眞喜雄・中井久夫・山中康裕監修　芸術療法 1　理論編　岩崎学術出版社, pp.39-55.

吉村麻奈美　2009　家族療法　下山晴彦編　2009　よくわかる臨床心理学（改訂新版）ミネルヴァ書房, pp.162-165.

Zeig,K.(Ed) 1987 THE EVOLUTION OF PSYCHOTHERAPY Milton H. Erickson Foundation（成瀬悟策監訳　1990　21 世紀の心理療法Ⅱ　誠信書房）

索 引

S

self..22

あ

アセスメント 4, 18, 88, 89
アドラー心理学 14, 31, 73
アンナ・フロイト 27, 28
飯森眞喜雄 81, 82, 83, 84
今、ここで...........13, 18, 34, 39, 41
イメージ 15, 21, 24
ウィニコット........13, 28, 31, 56, 57
音楽療法...............................72, 77

か

解釈...30
家族療法 13, 18, 42
カタルシス 56, 74, 75, 87, 89
カルフ............................... 13, 67
河合隼雄 14, 18, 56, 67
気づき............................. 2, 17, 39
クライエント中心療法................13
クライン 28
傾聴..36
ゲシュタルト療法 13, 31, 37, 73
構成法.......................................63

ゴール設定............................77, 89

個人的無意識............................21
コラージュ療法 14

さ

サブシステム........................44, 66
詩歌..79
シェアリング 7, 52, 66
自我心理学.............................27
自己................................22, 23
写真療法 72
集合的無意識............................21
樹木画法 50, 52
心理劇 72, 74
スクイッグル法 13, 51, 56, 57
スクールカウンセラー 52, 65
スクリブル法......................51, 56
スマートフォン 72, 78
精神分析
.... 12, 13, 19, 23, 24, 37, 56, 69, 89

た

退行............................... 4, 7, 26
投影..................4, 27, 56, 57, 59, 89
投影法 63

洞察 2, 18, 30

な

ナウムブルグ 13, 56
中井久夫 8, 14, 56, 57, 58
なぐり描き法 31, 50, 55, 59
ナラティブ 17, 89
ナラティブ・セラピー 18, 46
粘土 63

は

パールズ 37
俳句 79
箱庭療法 13, 14, 24, 58, 67
半歌仙 81, 85, 86
非言語的メッセージ 4, 43
ファンタジー・トリップ 41, 90
フィードバック   3, 45, 47, 75, 77, 91
風景構成法 14, 50, 58
フォーカシング 34, 82
プリンツホルン 11
フロイト
.... 12, 19, 24, 31, 37, 69, 89
文芸療法 79
分析心理学 12, 13, 15, 31, 89

防衛機制 27
ホット・シート 40, 41
ボディ・ワーク 40, 41

ま

未完結のわだかまり 39, 40
未来志向 18
無意識
........12, 15, 19, 21, 22, 23, 24, 25,
31, 56, 67, 69, 89
メタファー 45, 87
元型 21

や

山中康裕 14, 57, 70, 72
遊戯療法 5, 8, 28, 55, 64, 65
ユング ...12, 19, 28, 31, 37, 41, 67, 89
抑圧 21, 24, 27, 36, 39

ら

ロジャーズ 13, 32, 37

わ

枠づけ法 14, 51, 57, 58, 59

著者略歴

橋本 和幸（はしもと かずゆき）

2000 年　横浜国立大学教育学部卒業
2002 年　横浜国立大学大学院教育学研究科修了
　地方自治体のスクールカウンセラー、教育相談センター教育相談嘱託員、
　了徳寺大学教養教育センター助教等を経て、
2016 年　東京学芸大学大学院連合学校教育学研究科（配置大学　横浜国立大
　学）修了
現在、了徳寺大学教養部准教授　博士（教育学）　臨床心理士

専門は、教育心理学、臨床心理学（特に、スクールカウンセリングや学生相
談について）

主要著書
「専門職のための臨床心理学基礎」（ムイスリ出版、単著）
「わかってもらえた！と思われる面接技法」（ムイスリ出版、単著）
「ライブラリこころの危機 Q&A4　統合失調症－孤立を防ぎ、支援につなげ
るために－」（サイエンス社、共著）

2017 年 9 月 19 日　　　　　　　　　初 版　第 1 刷発行

はじめての芸術療法

著　者　橋本和幸　©2017
発行者　橋本豪夫
発行所　ムイスリ出版株式会社

〒169-0073
東京都新宿区百人町 1-12-18
Tel.03-3362-9241(代表)　Fax.03-3362-9145
振替 00110-2-102907

イラスト：MASH　　　　　ISBN978-4-89641-255-0　C3011